Anne Terzibaschitsch

Tastenträume

Mit den Sternen durch alle Tonarten

24 Klavierstücke durch den Quintenzirkel

Anne Terzibaschitsch wurde am 5. August 1955 in Essen geboren. Den ersten Klavierunterricht erhielt sie im Alter von fünf, Geigen- und Cellounterricht im Alter von zehn und zwölf Jahren.

Von 1975–1983 absolvierte sie ihr Klavierstudium an der Staatlichen Hochschule für Musik in Karlsruhe. Sie ist seit vielen Jahren freiberuflich als Pianistin und Klavierpädagogin tätig.

Im Rahmen ihrer pädagogischen Arbeit komponierte und arrangierte Anne Terzibaschitsch zahlreiche Stücke für Klavier. Diese sind in mehreren Bänden unter dem Namen *Tastenträume* im Musikverlag Holzschuh erschienen.

Impressum

VHR 3568 / ISMN 979-0-2013-0995-8 / ISBN 978-3-86434-096-3

Umschlag: Rauchbauer & Partner Werbeagentur GmbH, Gaimersheim
Notensatz: Regina Krauß, Speyer

www.holzschuh-verlag.de

Vorwort

Die vorliegende Ausgabe *Mit den Sternen durch alle Tonarten* enthält 24 Eigenkompositionen für Klavier in allen Tonarten des Quintenzirkels. Zu jedem Klavierstück finden sich zusätzlich Anmerkungen über Charakter und Stimmung der jeweiligen Tonart, die dem interessierten Spieler als Anregung dienen können.

Seit vielen Jahrhunderten beschäftigen sich renommierte Musiker, Wissenschaftler und Musiktheoretiker mit der Frage nach Charaktereigenschaften und Ausdrucksqualitäten bestimmter Tonarten. In Fachkreisen wird dieses Thema zumeist kontrovers diskutiert.

In der Ausgabe *Mit den Sternen durch alle Tonarten* soll gezeigt werden, dass verschiedene Tonarten durchaus unterschiedliche Charaktere aufweisen können. Anregungen dafür fanden sich u. a. in dem Buch des Musikwissenschaftlers Friedrich Oberkogler *Tierkreis- und Planetenkräfte in der Musik*. In ihm werden die zwölf Dur- und Molltonarten des Quintenzirkels mit den zwölf Tierkreiszeichen am Sternenhimmel in Verbindung gebracht.

Allen Spielerinnen und Spielern wünsche ich viel Freude beim Musizieren!

Karlsruhe 2018 — Anne Terzibaschitsch

Inhaltsverzeichnis

Quintenzirkel

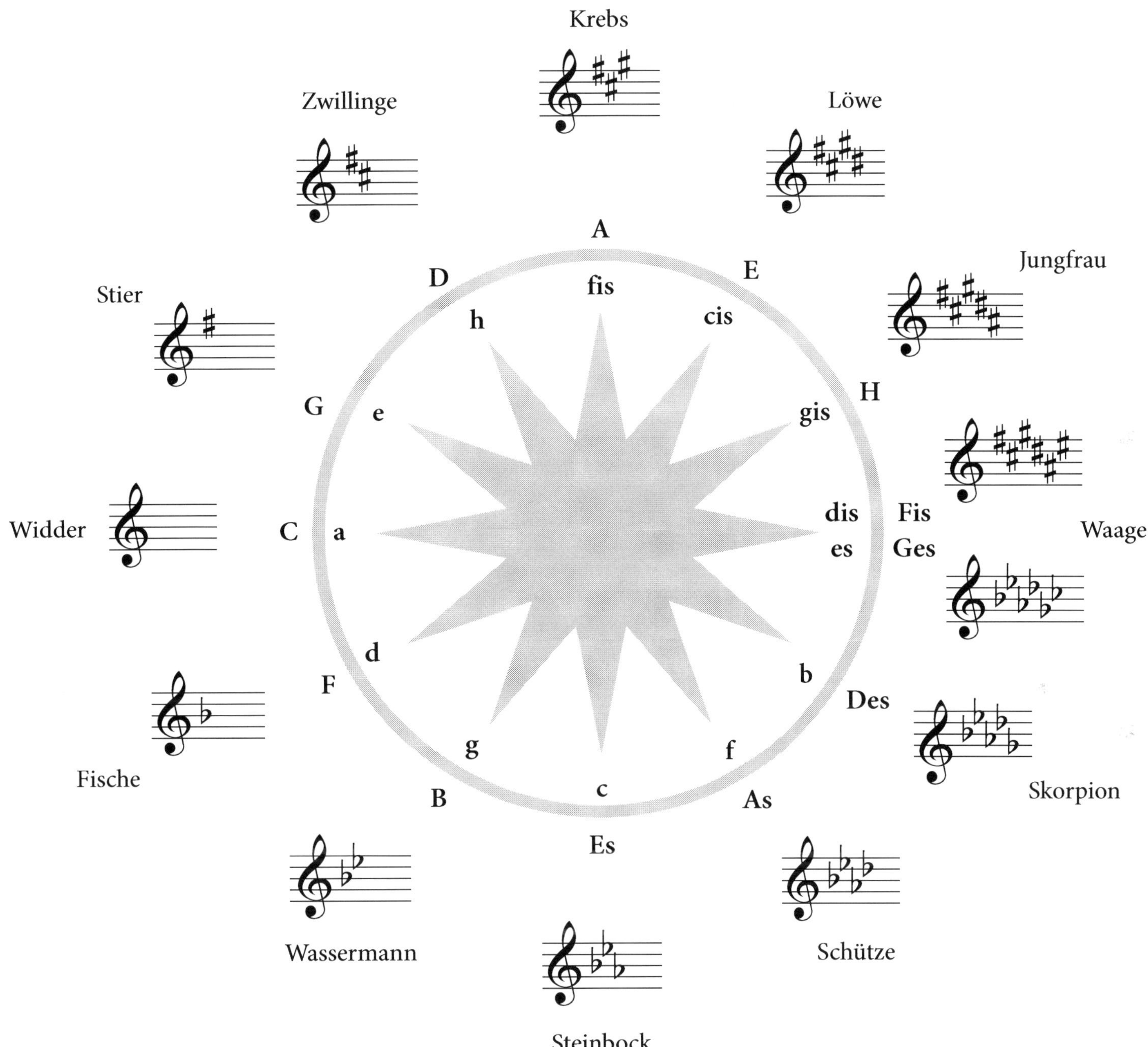

Frühlings Erwachen

C-Dur

A. Terzibaschitsch

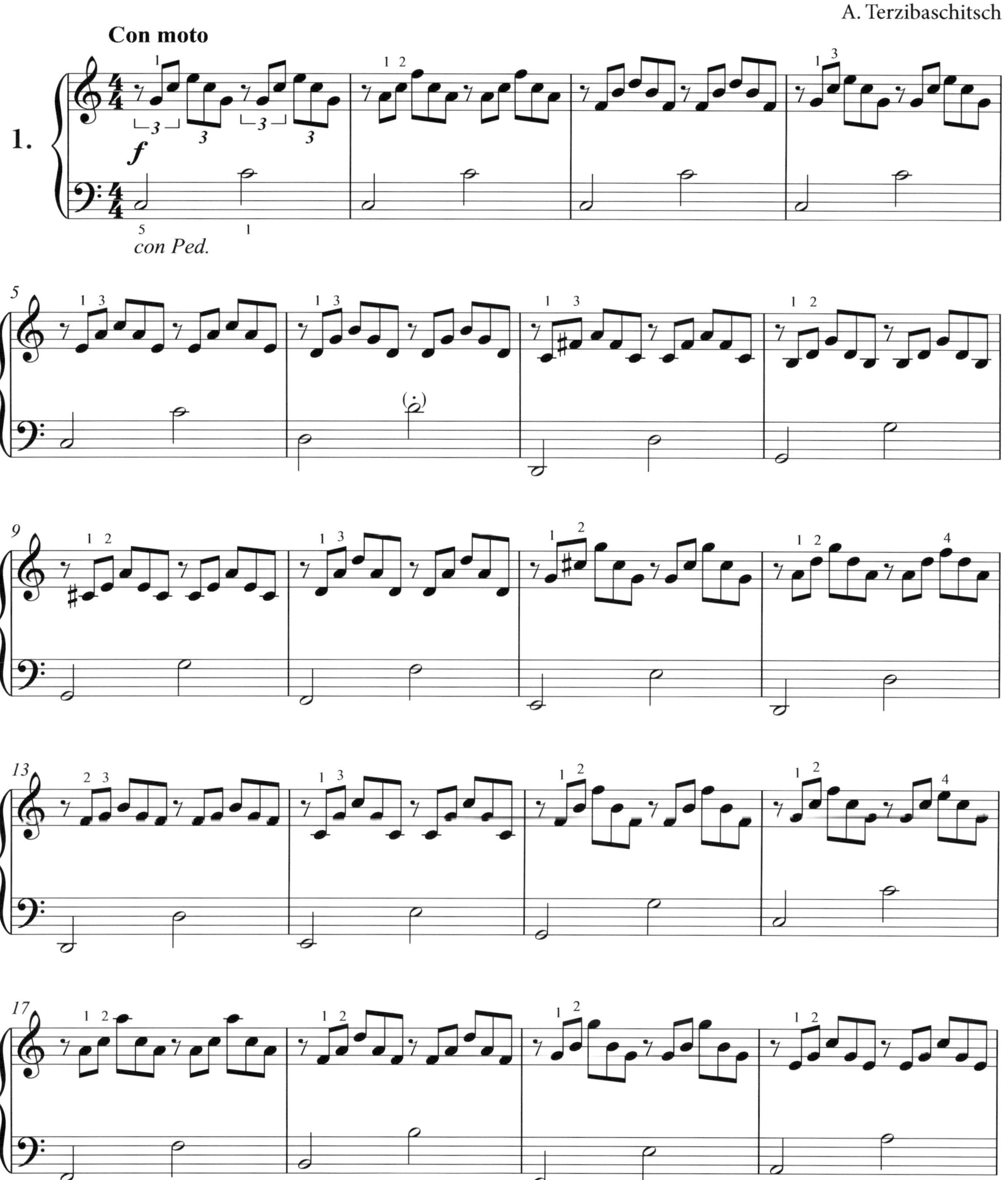

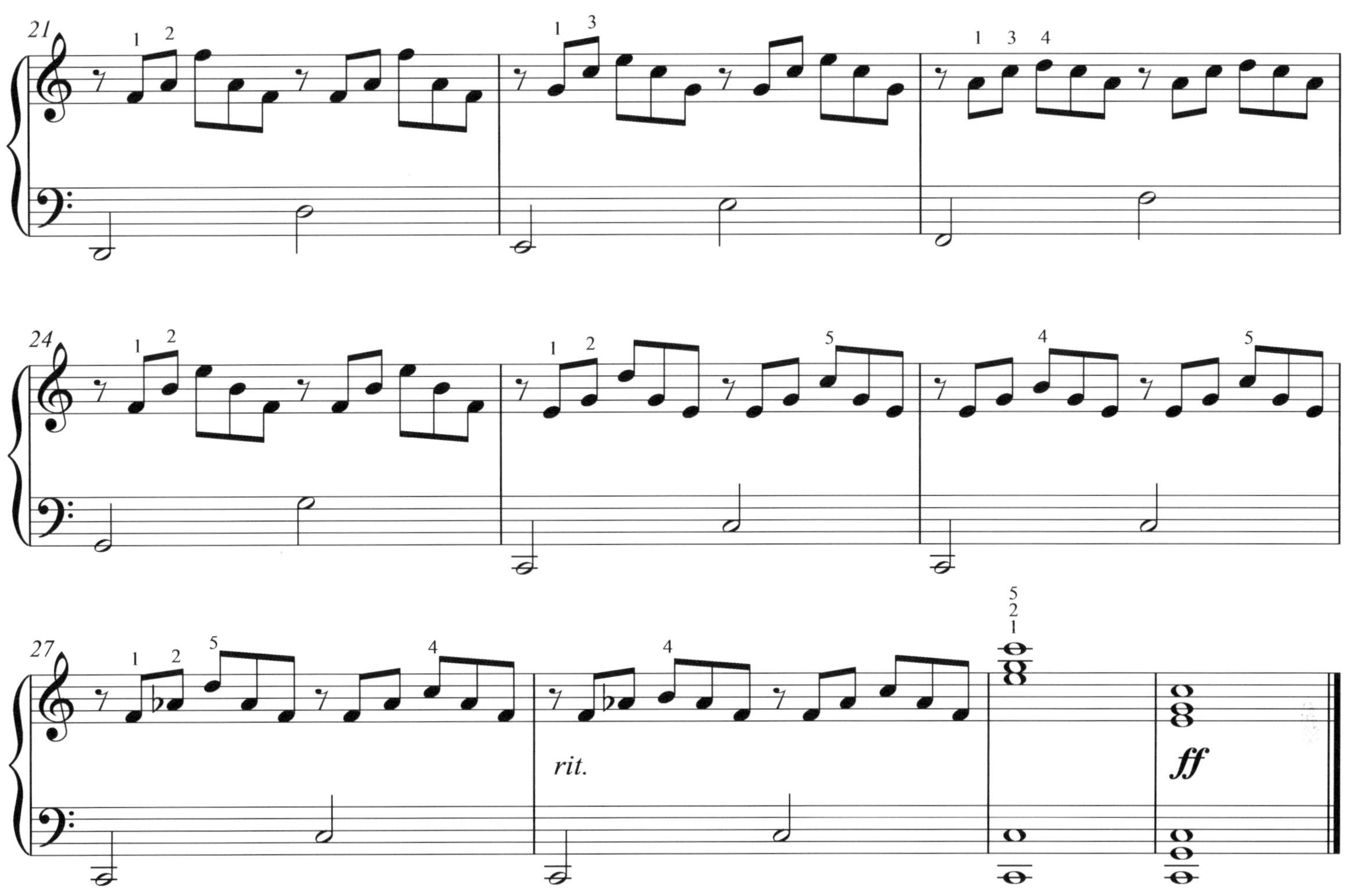

Die Tonart C-Dur steht am Ausgangspunkt des Quintenzirkels. Sie hat keine Vorzeichen und gehört zum Sternzeichen Widder. Beispiele für bekannte Kompositionen in C-Dur sind die Sinfonie Nr. 41 KV 551 mit dem Beinamen *Jupiter-Sinfonie* von Wolfgang Amadeus Mozart, die *Krönungsmesse* KV 317 von Wolfgang Amadeus Mozart, das Lied *Die Ehre Gottes aus der Natur* op. 48 Nr. 4 von Ludwig van Beethoven u.a.

Die Stimmung von C-Dur kann als klar, lichterfüllt und eindeutig empfunden werden. Sie kündet vom Sieg des Lichts über die Finsternis.

Das Gedicht *Die Ehre Gottes aus der Natur* von Christian Fürchtegott Gellert (vertont von Ludwig van Beethoven, s. o.) bringt diese Stimmung zum Ausdruck:

Die Himmel rühmen des Ewigen Ehre,
ihr Schall pflanzt seinen Namen fort.
Ihn rühmt der Erdkreis, ihn preisen die Meere;
vernimm, o Mensch, ihr göttlich Wort!

Wer trägt der Himmel unzählbare Sterne?
Wer führt die Sonn' aus ihrem Zelt?
Sie kommt und leuchtet und lacht uns von ferne
und läuft den Weg, gleich als ein Held.

Albumblatt für Adele

a-Moll

A. Terzibaschitsch

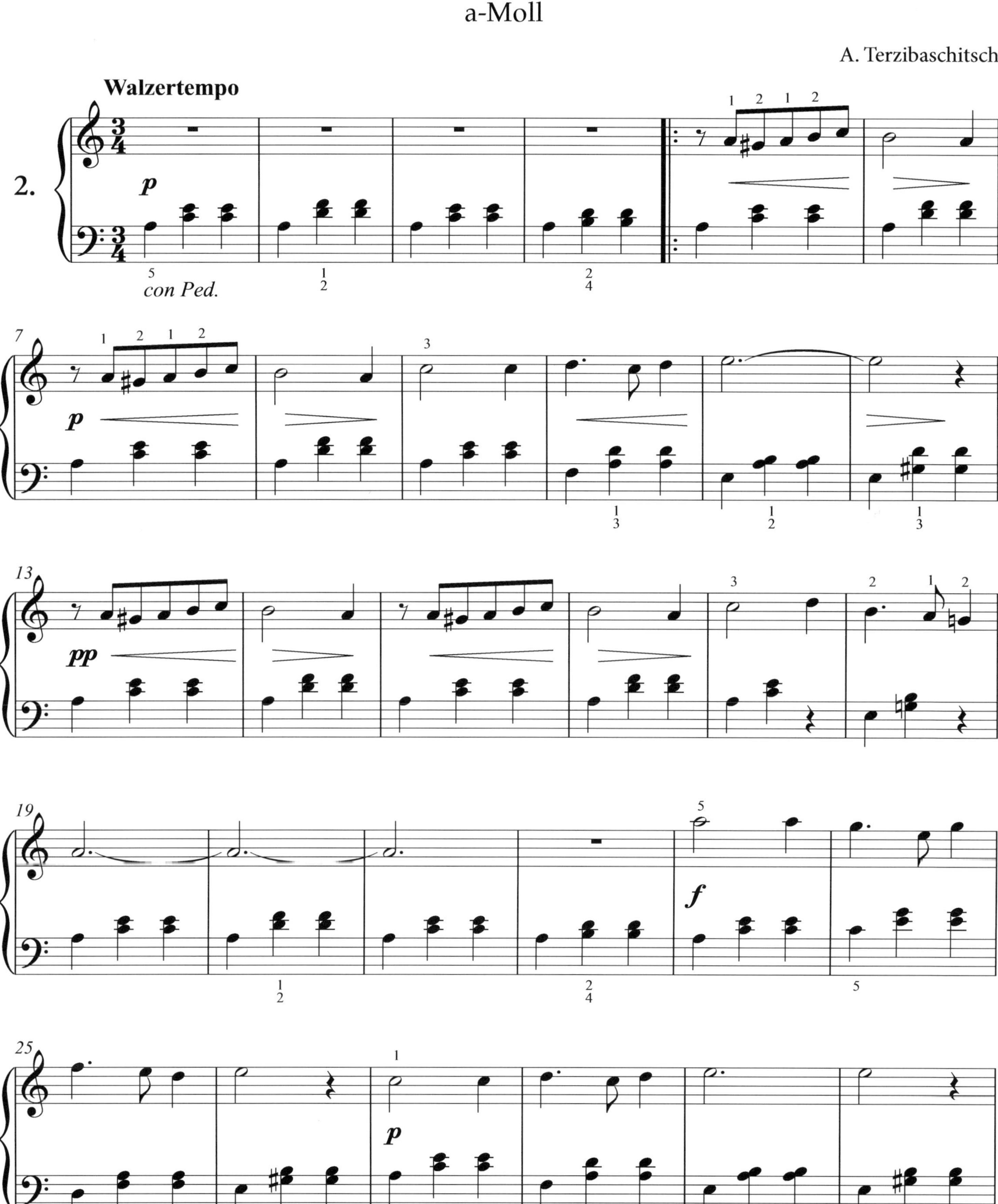

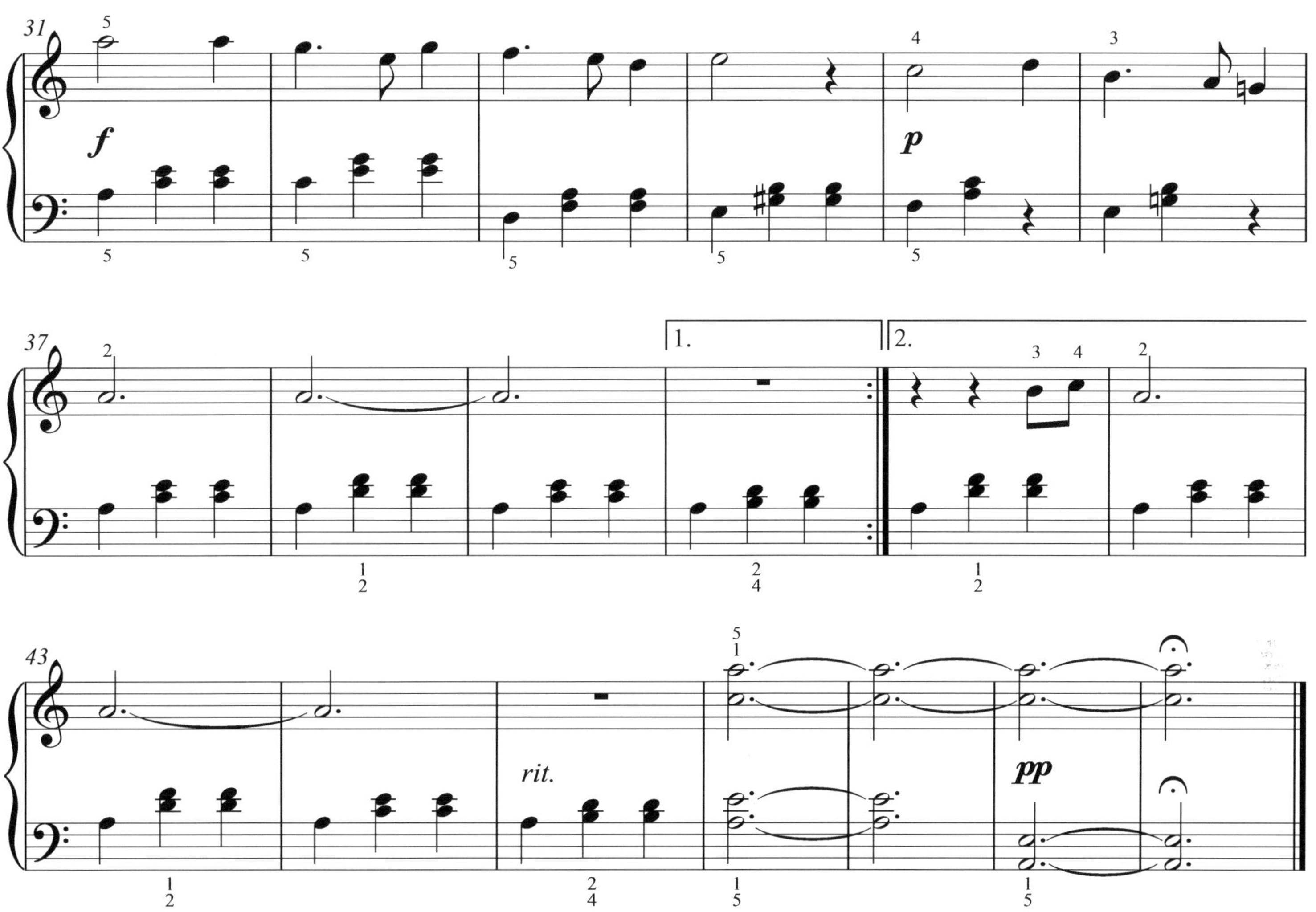

Die Tonart a-Moll hat als parallele Molltonart von C-Dur keine Vorzeichen und gehört zum Sternzeichen Widder. Beispiele für bekannte Kompositionen in a-Moll sind der erste Satz der Klaviersonate KV 310 von Wolfgang Amadeus Mozart, der Walzer op. 34 Nr. 2 von Frédéric Chopin, das Klavierkonzert op. 54 von Robert Schumann, *Solvejgs Lied* aus der Peer-Gynt-Suite von Edvard Grieg u.a.

Die Stimmung von Kompositionen in a-Moll ist ambivalent. In manchen Kompositionen kann sie als kraftvoll, energisch, willensstark und nach außen gerichtet empfunden werden, in anderen Kompositionen dagegen als eher schwermütig und nach innen gekehrt. Das Klavierstück *Albumblatt für Adele* bringt beide Stimmungen wechselweise musikalisch zum Ausdruck.

In dem Gedicht *Im Atemholen sind zweierlei Gnaden* von Johann Wolfgang von Goethe wird der Gegensatz von innen und außen poetisch zum Ausdruck gebracht:

Im Atemholen sind zweierlei Gnaden:
die Luft einzuziehn, sich ihrer entladen.
Jenes bedrängt, dieses erfrischt;
so wunderbar ist das Leben gemischt.
Du danke Gott, wenn er dich presst,
und dank ihm, wenn er dich wieder entlässt.

Duett

G-Dur

A. Terzibaschitsch

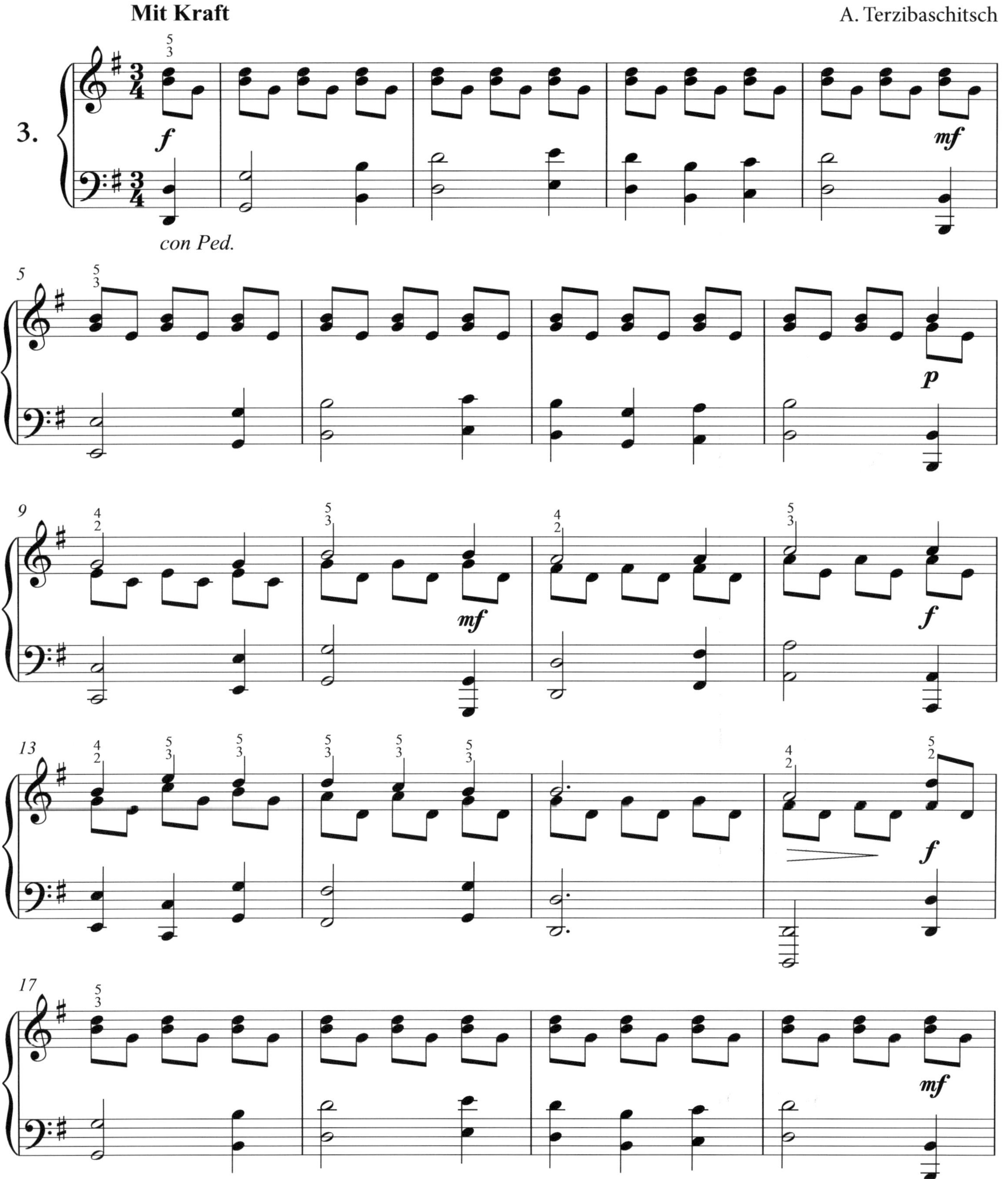

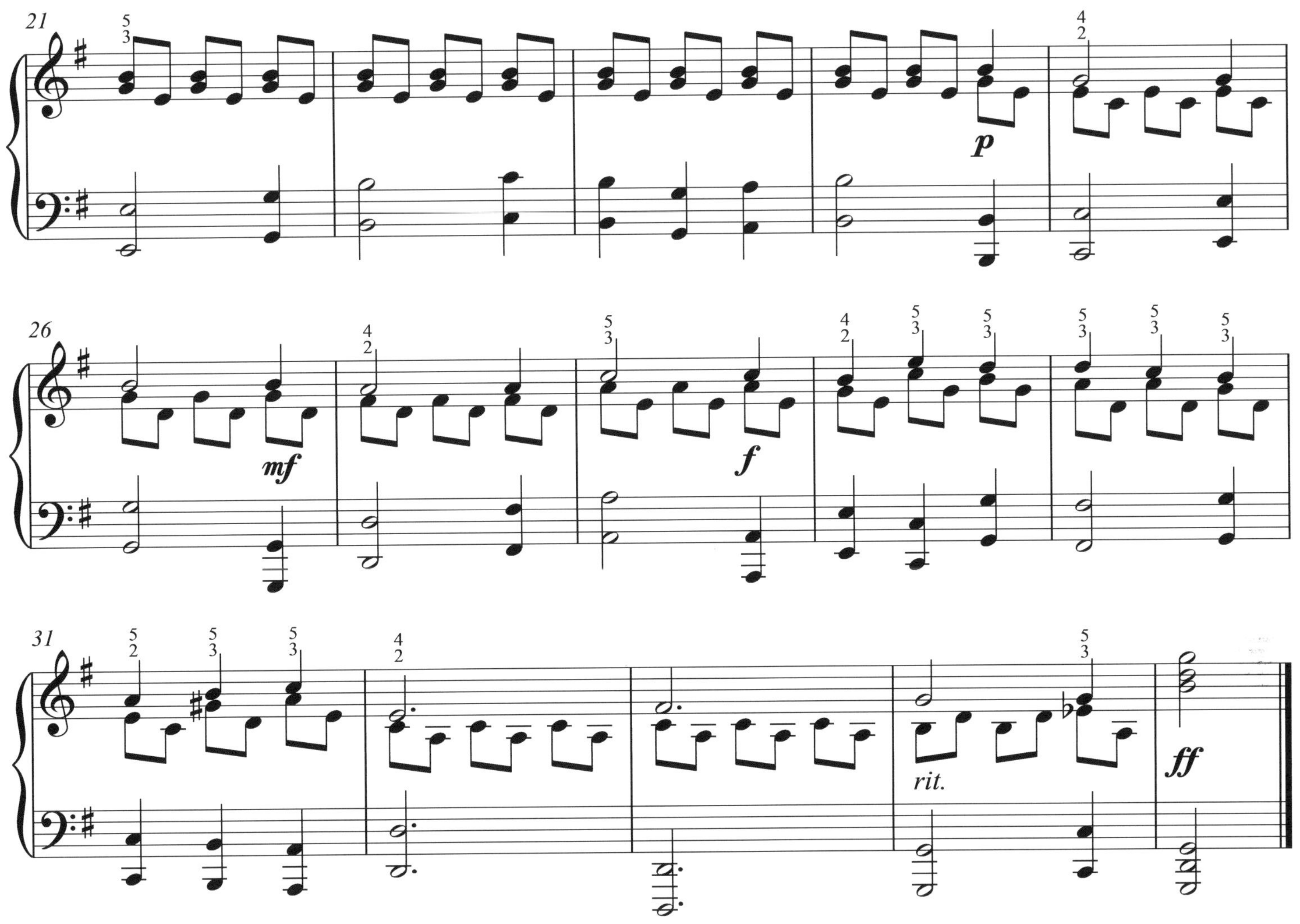

Die Tonart G-Dur hat ein Kreuz-Vorzeichen und gehört zum Sternzeichen Stier. Beispiele für bekannte Kompositionen in G-Dur sind der 1. Satz aus dem Brandenburgischen Konzert Nr. 3 BWV 1048 von Johann Sebastian Bach, die Arie des Papageno *Der Vogelfänger bin ich ja* aus der Oper *Die Zauberflöte* von Wolfgang Amadeus Mozart, der Russische Tanz *Trepak* aus der *Nussknacker-Suite* op. 71a von Peter Iljitsch Tschaikowski u. a.

Die Stimmung von G-Dur kann den Eindruck von pulsierender Lebensfreude, Aktivität und Willenskraft vermitteln.

Rainer Maria Rilke bringt in seinem Gedicht *Ich lebe mein Leben in wachsenden Ringen* die oben charakterisierte Stimmung zum Ausdruck:

Ich lebe mein Leben in wachsenden Ringen,
die sich über die Dinge ziehn.
Ich werde den letzten vielleicht nicht vollbringen,
aber versuchen will ich ihn.
Ich kreise um Gott, um den uralten Turm,
und ich kreise jahrtausendelang;
und ich weiß noch nicht: bin ich ein Falke, ein Sturm
oder ein großer Gesang.

Emmas Lied

e-Moll

A. Terzibaschitsch

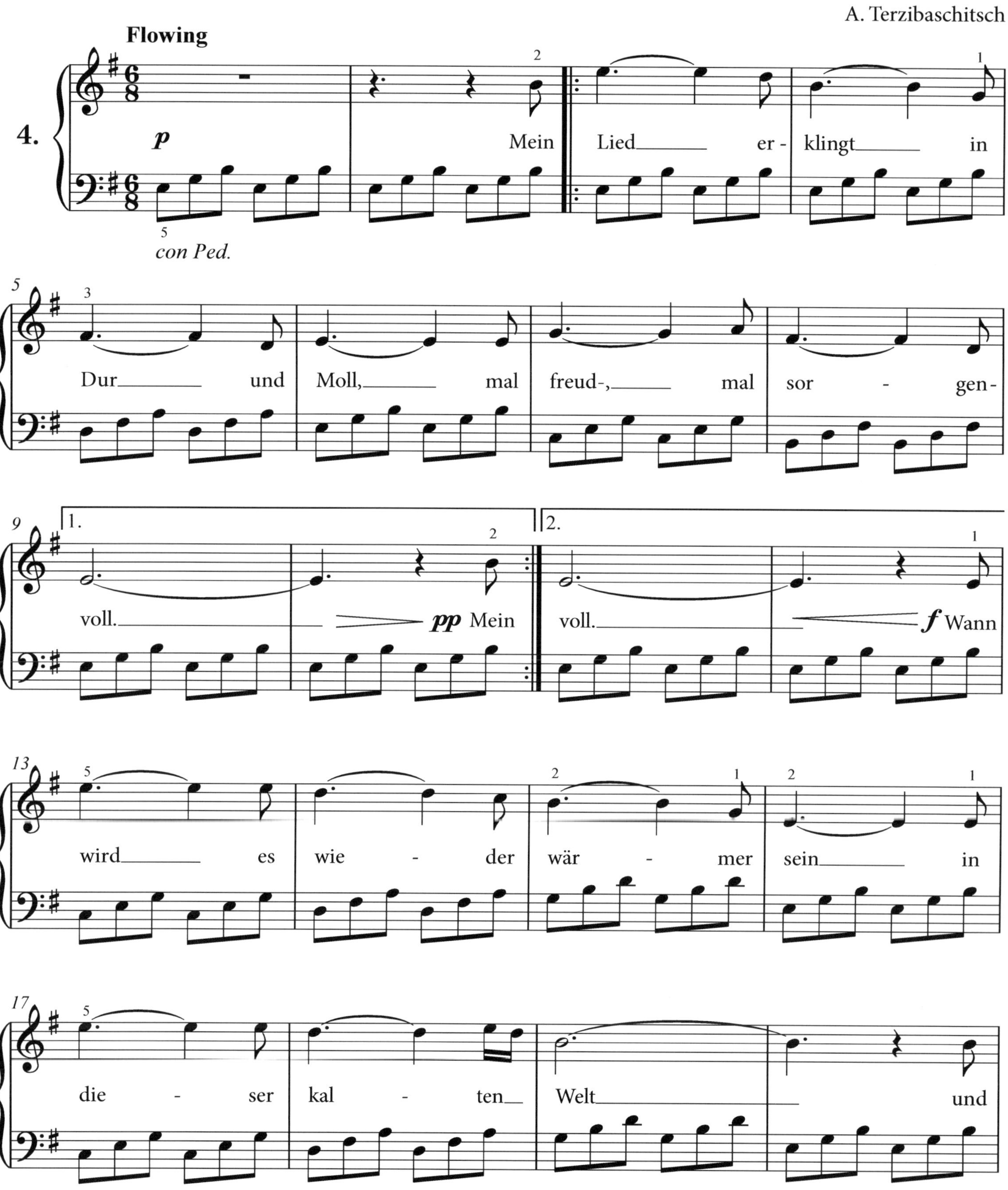

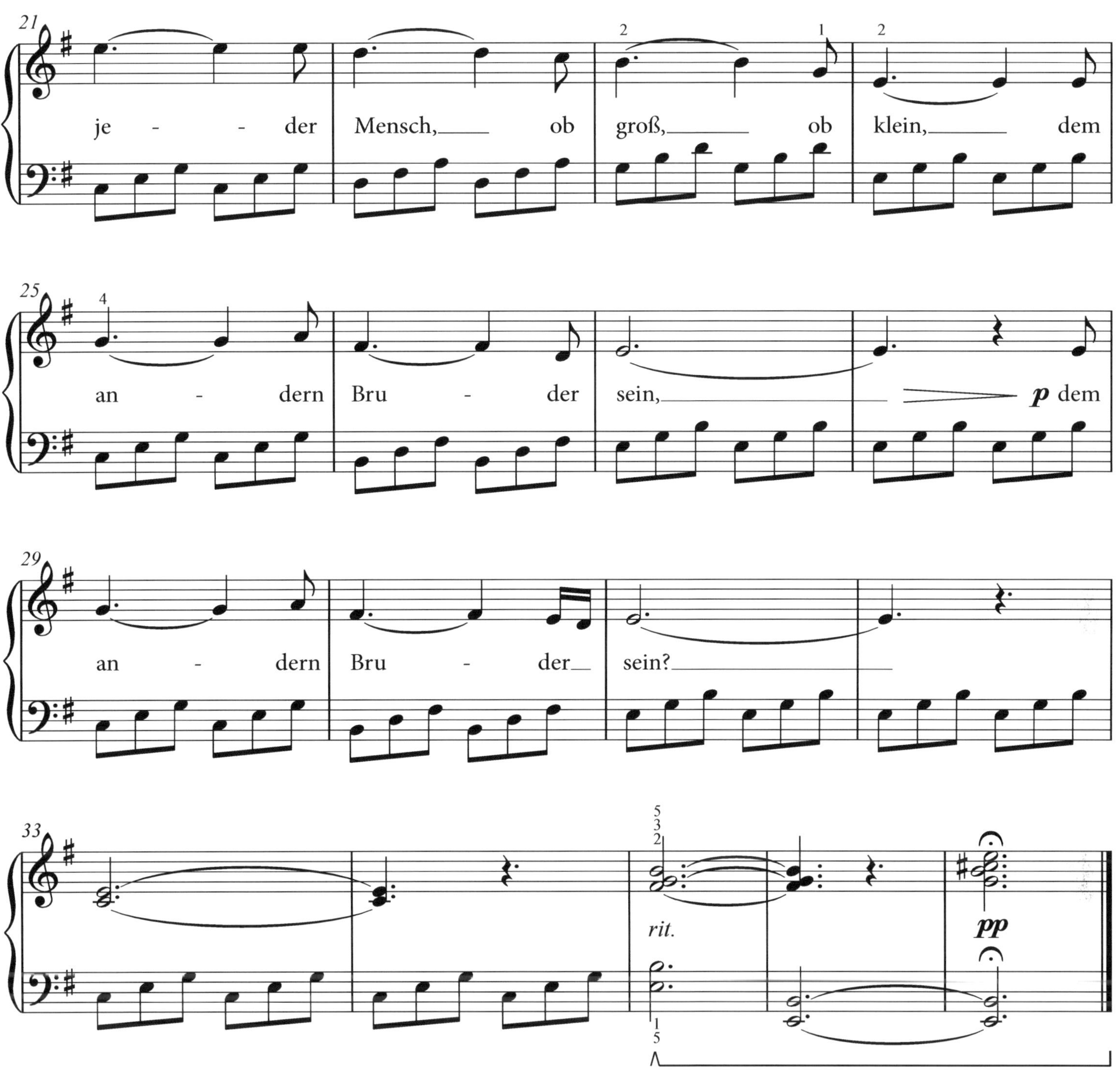

Die Tonart e-Moll hat als parallele Molltonart von G-Dur ein Kreuz-Vorzeichen und gehört zum Sternzeichen Stier. Beispiele für bekannte Kompositionen in e-Moll sind das Violinkonzert op. 64 von Felix Mendelssohn Bartholdy, das Prélude op. 28 Nr. 4 von Frédéric Chopin, die 9. Sinfonie *Aus der Neuen Welt* op. 95 von Antonín Dvořák u.a.

Die Stimmung von e-Moll ist vielschichtig und kann nicht immer eindeutig festgelegt werden. So kann das oben erwähnte Prélude von Frédéric Chopin als schwermütig klagend empfunden werden, während das Violinkonzert von Felix Mendelssohn Bartholdy in entgegengesetzter Stimmung erklingt: feurig, virtuos und leidenschaftlich. Doch trotz der unterschiedlichen Stimmungen haben Kompositionen in e-Moll eines gemeinsam: den fortwährend pulsierenden Willen zum Leben.

Das Klavierstück *Emmas Lied* ist ein Klagelied, in welchem gegensätzliche Stimmungen sowohl musikalisch als auch im Liedtext zum Ausdruck kommen (Dur und Moll, Freude und Sorge, warm und kalt, groß und klein, piano und forte u.a.).

Humoreske

D-Dur

A. Terzibaschitsch

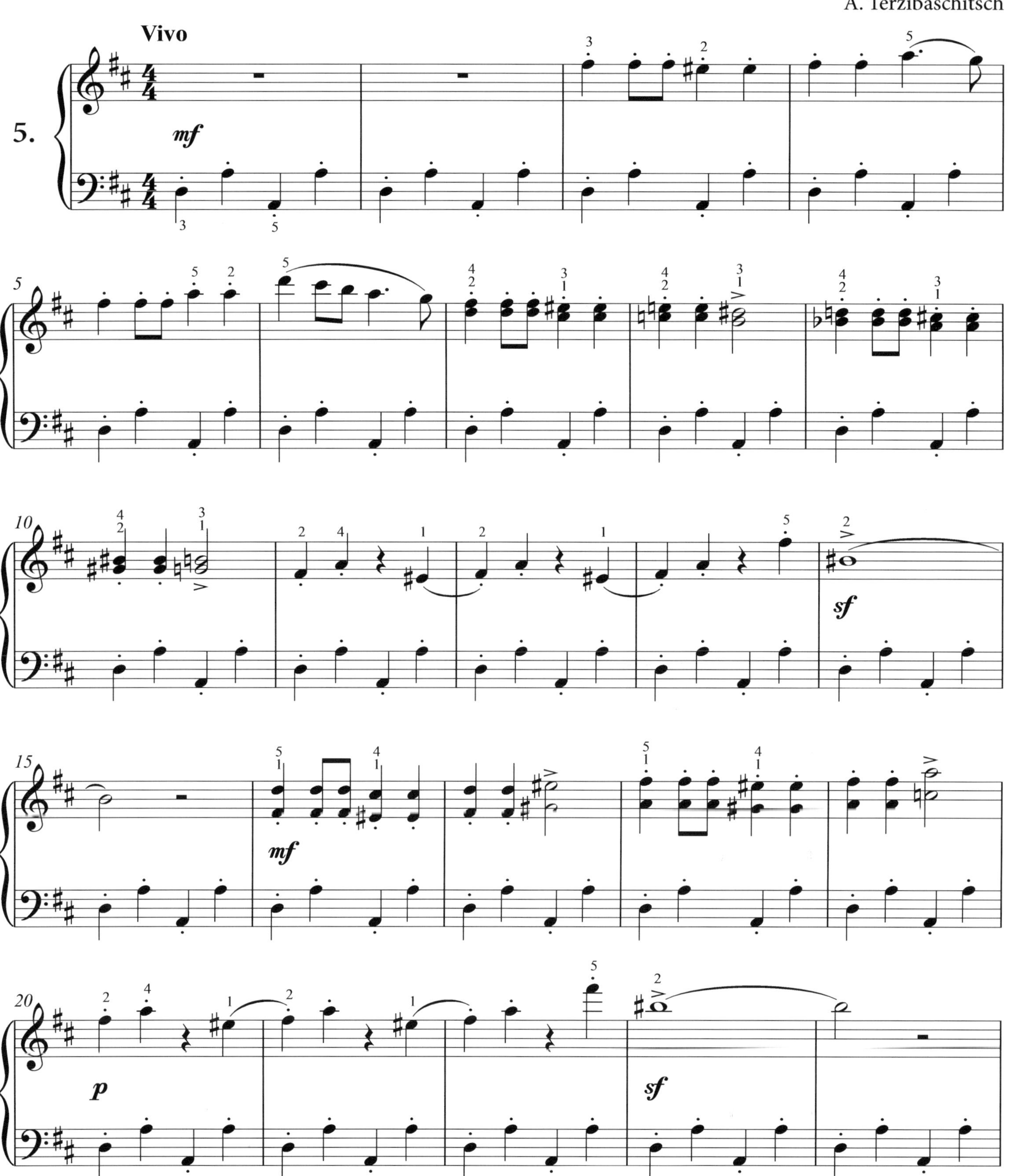

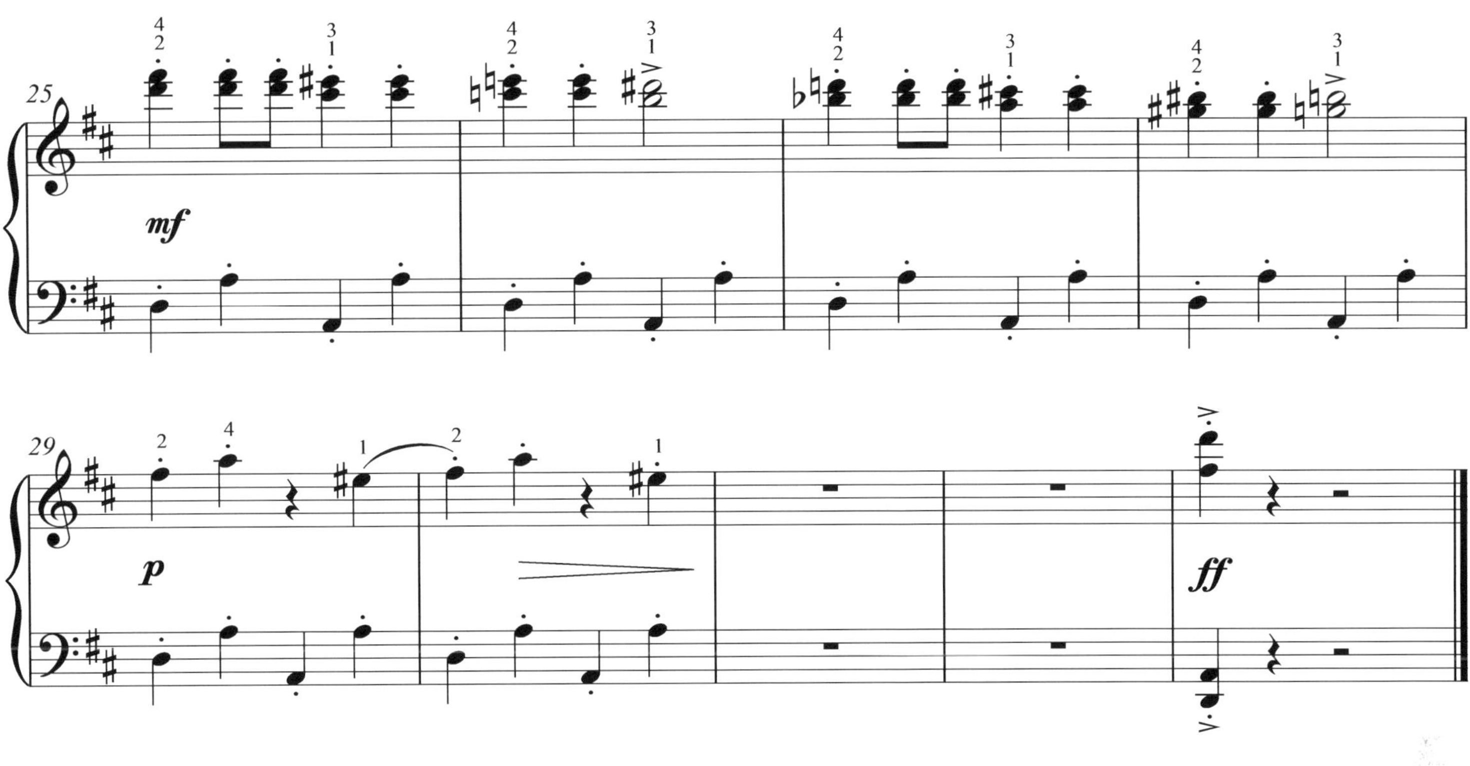

Die Tonart D-Dur hat zwei Kreuz-Vorzeichen und gehört zum Sternzeichen Zwilling. Beispiele für bekannte Kompositionen in D-Dur sind die Sonate für zwei Klaviere KV 448 von Wolfgang Amadeus Mozart, die Klaviersonate D 850 von Franz Schubert, das Violinkonzert op. 77 von Johannes Brahms u.a.

Die Stimmung von D-Dur kann in vielen Kompositionen als freudig, aber auch als zwiegespalten empfunden werden. Eine Entscheidung steht aus. Kompositorisch wird das Zwiespältige häufig durch kontrastreiche Dynamik, Phrasierung und Artikulation oder durch Verwendung der Bitonalität zum Ausdruck gebracht. Dennoch bilden die Gegensätze auch ein Gemeinsames aus.

Christian Morgenstern bringt die zwiegespaltene Stimmung in dem Gedicht *Gespräch einer Hausschnecke mit sich selbst* humorvoll zum Ausdruck:

Soll i aus meim Hause raus?
Soll i aus meim Hause nit raus?
Einen Schritt raus?
Lieber nit raus?
Hausenitraus –
Hauseraus
Hauseritraus
Hausenaus
Rauserauserauserause …

(Die Schnecke verfängt sich in ihren eigenen Gedanken oder vielmehr diese gehen mit ihr dermaßen durch, dass sie die weitere Entscheidung der Frage verschieben muss.)

Invention
h-Moll

A. Terzibaschitsch

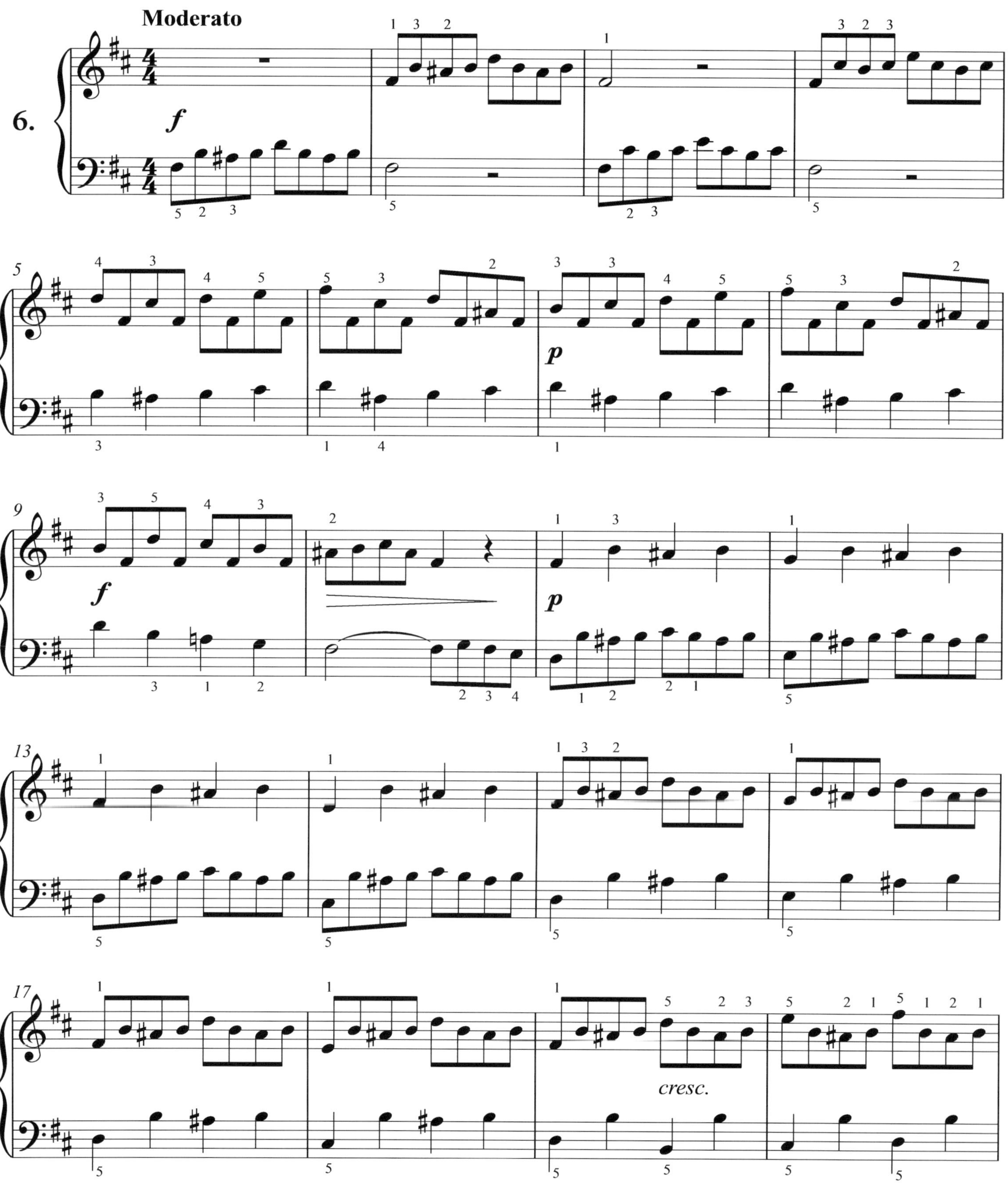

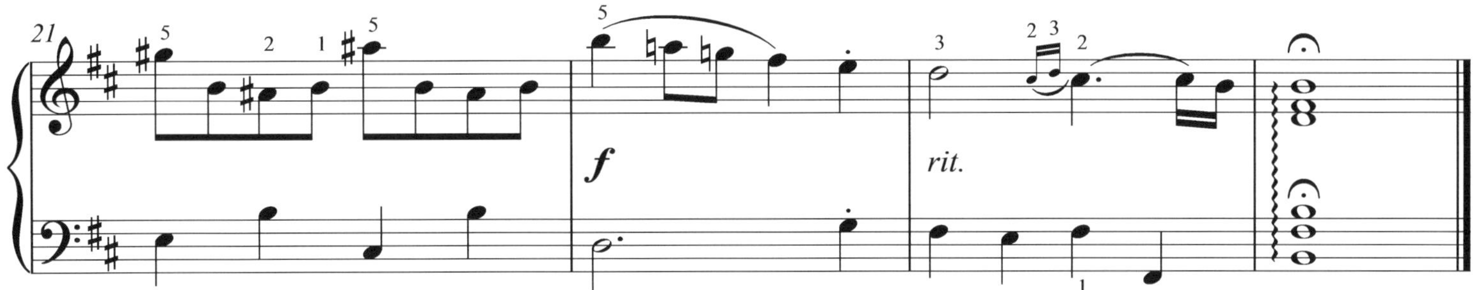

Die Tonart h-Moll hat als parallele Molltonart von D-Dur zwei Kreuz-Vorzeichen und gehört zum Sternzeichen Zwilling. Bekannte Kompositionen in h-Moll sind die *Badinerie* aus der zweiten Orchestersuite BWV 1067 von Johann Sebastian Bach, das *Adagio* KV 540 von Wolfgang Amadeus Mozart, die Sinfonie D 759 („Unvollendete") von Franz Schubert, die *Rhapsodie* op. 79 Nr. 1 von Johannes Brahms, die *Klaviersonate h-Moll* von Franz Liszt u. a.

Wie bei ihrer parallelen Dur-Tonart ist die Stimmung von h-Moll zwiegespalten. Die Moll-Tonalität verleiht dieser Stimmung jedoch einen größeren Ernst.

In dem polyphonen Klavierstück *Invention* stehen sich zwei gleichberechtigte Stimmen kontrastreich gegenüber. In der Gegeneinanderführung der beiden sich eigenständig bewegenden Stimmen kommt das Prinzip der Dualität deutlich zum Ausdruck. Ein ernstes Ringen wird spürbar. Trotz aller Gegensätze ist aber auch das Verbindende erkennbar. Beide Stimmen befinden sich miteinander auf dem Weg, um gemeinsam das Ziel zu erreichen.

In dem Gedicht *Ein Fichtenbaum steht einsam* aus dem *Buch der Lieder* von Heinrich Heine wird die Stimmung des Zwiegespaltenen zum Ausdruck gebracht:

Ein Fichtenbaum steht einsam
im Norden auf kahler Höh'.
Ihn schläfert; mit weißer Decke
umhüllen ihn Eis und Schnee.

Er träumt von einer Palme,
die, fern im Morgenland,
einsam und schweigend trauert
auf brennender Felsenwand.

Mittsommer

A-Dur

A. Terzibaschitsch

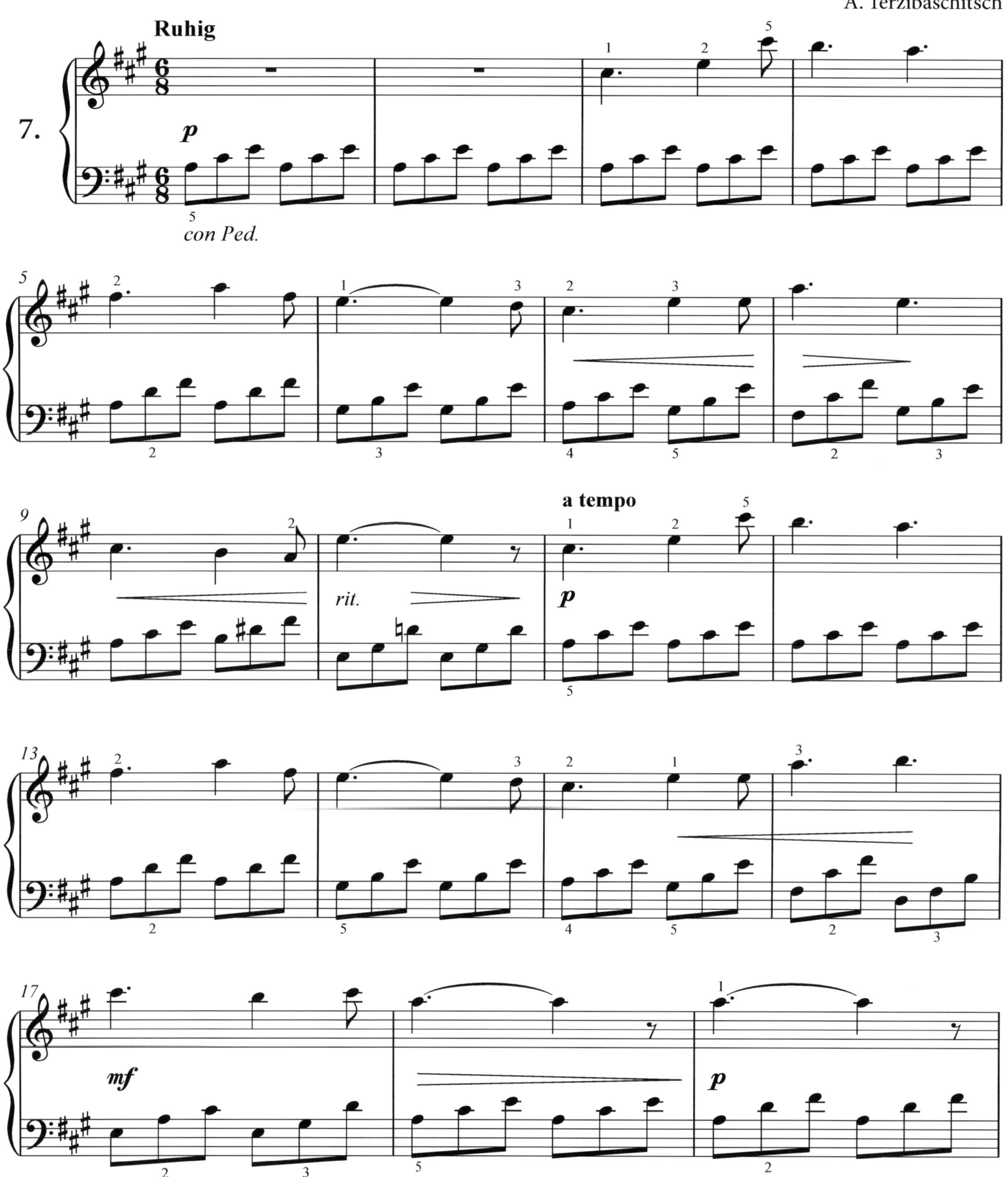

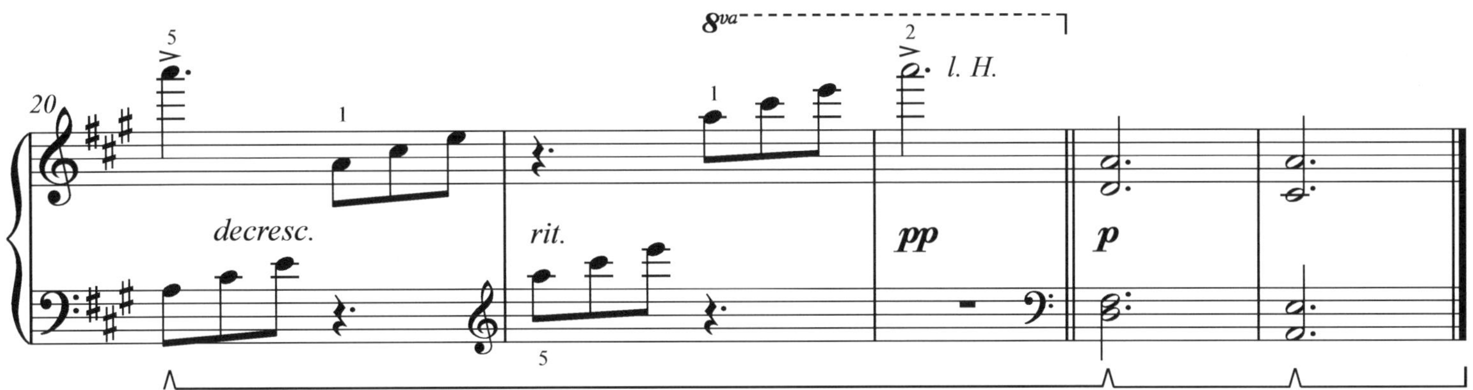

Die Tonart A-Dur hat drei Kreuz-Vorzeichen und gehört zum Sternzeichen Krebs. Beispiele für bekannte Kompositonen in A-Dur sind der 1. Satz der Klaviersonate KV 331 von Wolfgang Amadeus Mozart, der 1. Satz aus dem Violinkonzert KV 219 von Wolfgang Amadeus Mozart, der 1. Satz der Klaviersonate D 664 von Franz Schubert, die 2. Violinsonate op. 100 von Johannes Brahms u.a.

Die Stimmung von A-Dur ist erfüllt von Schönheit, aber auch von innerer Ruhe, Wärme und Licht. In der Natur hat die Sonnenbahn ihren höchsten Punkt am Firmament erreicht und befindet sich somit an einem Wendepunkt.

Dr. Andreas Grabner, Musikredakteur und Moderator beim Bayerischen Rundfunk, schildert die Stimmung von A-Dur wie folgt: „Immer wieder scheint A-Dur bei Mozart für eine Fülle der Schönheit zu stehen, die fast schmerzt, weil sie vergehen muss..."

Das Gedicht *Sonnenwende* von Ludwig Uhland bringt die oben charakterisierte Stimmung von A-Dur zum Ausdruck:

Nun die Sonne soll vollenden
ihre längste, schönste Bahn.
Wie sie zögert, sich zu wenden
nach dem stillen Ozean!
Ihrer Göttin Jugendneige
fühlt die ahnende Natur,
und mir dünkt, bedeutsam schweige
rings die abendliche Flur.

Nur die Wachtel, die sonst immer
frühe schmälend weckt den Tag,
schlägt dem überwachten Schimmer
jetzt noch einen Weckeschlag;
und die Lerche steigt im Singen
hochauf aus dem duft'gen Tal,
einen Blick noch zu erschwingen
in den schon versunknen Strahl.

Elegie

fis-Moll

A. Terzibaschitsch

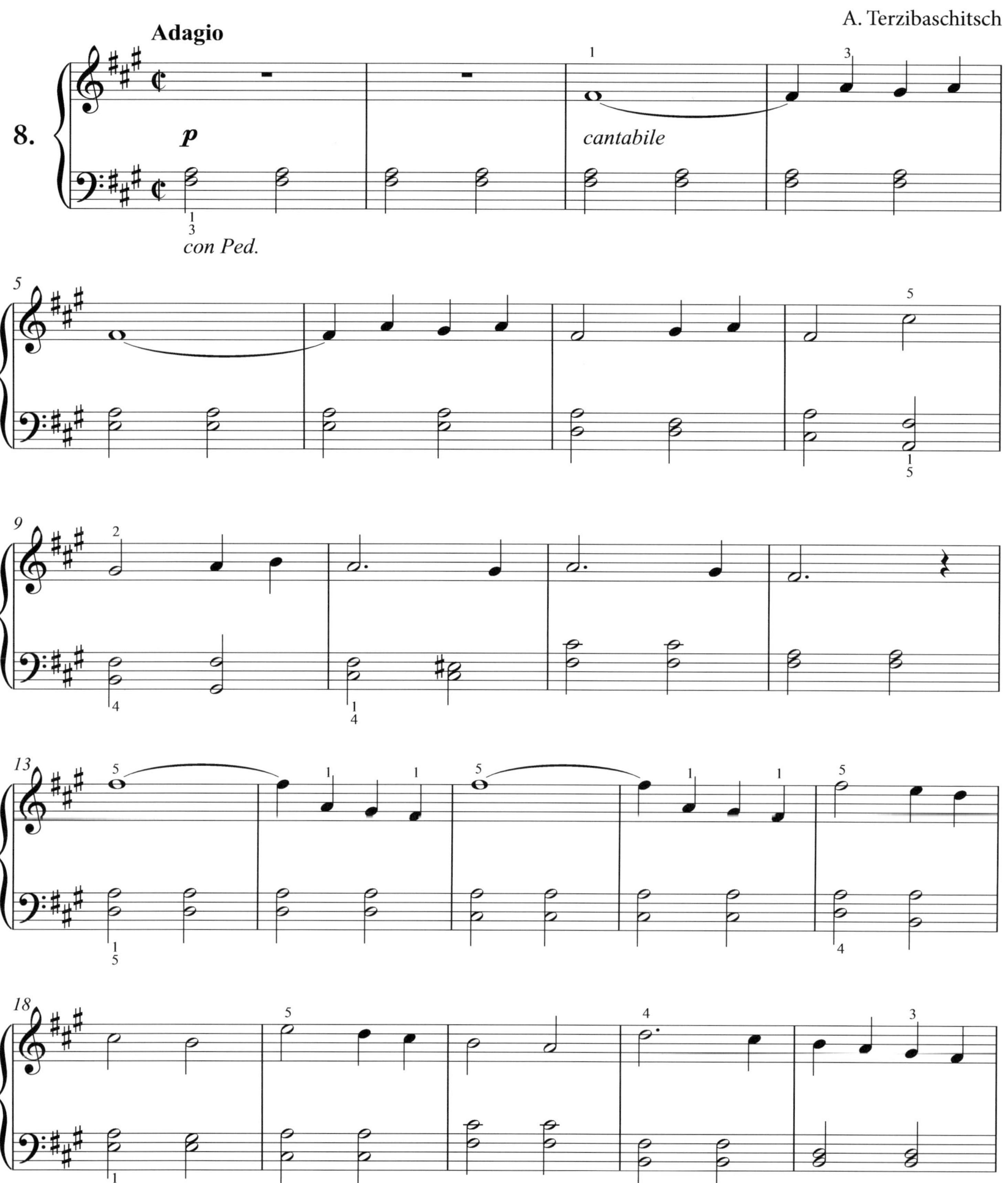

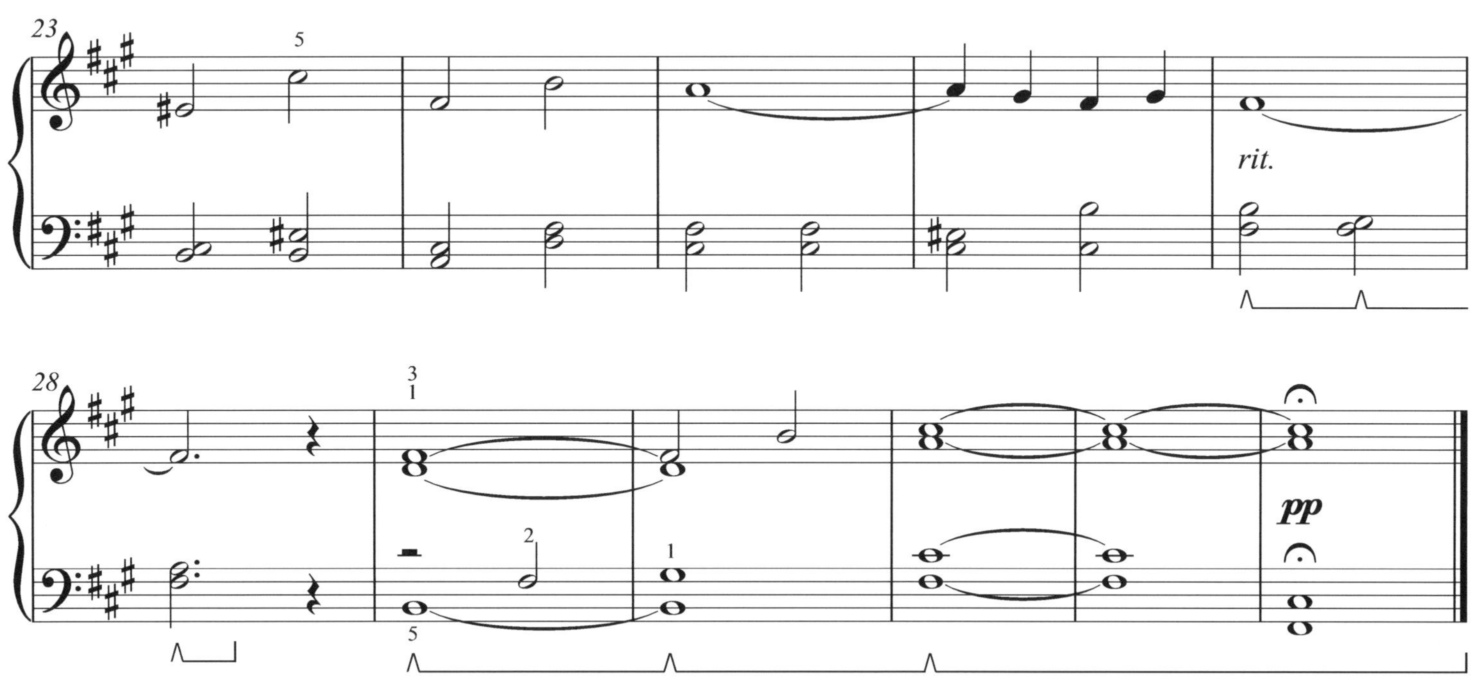

Die Tonart fis-Moll hat als parallele Molltonart von A-Dur drei Kreuz-Vorzeichen und gehört zum Sternzeichen Krebs. Beispiele für bekannte Kompositionen in fis-Moll sind der 2. Satz des Klavierkonzerts KV 488 von Wolfgang Amadeus Mozart, die Klaviersonate Nr. 1 op. 11 von Robert Schumann, die zweite Klaviersonate op. 2 von Johannes Brahms, das Klavierkonzert op. 20 von Alexander Skrjabin u.a.

Als Gegensatz zu A-Dur (höchste Lichtintensität) bedeutet die düstere Stimmung von fis-Moll einen Umschwung. Sie führt den Hörer in ungeahnte Tiefen. Diese Stimmung wird von jedem Komponisten auf ganz unterschiedliche Weise musikalisch zum Ausdruck gebracht.

In seiner zweiten Klaviersonate op. 2 setzt sich Johannes Brahms kompositorisch leidenschaftlich energisch, kraftvoll und kämpferisch mit der düsteren Stimmung von fis-Moll auseinander. Ganz anders verfährt Wolfgang Amadeus Mozart im 2. Satz seines Klavierkonzerts KV 488. Der 2. Satz ist emotionaler Mittelpunkt des gesamten Konzerts. In fahlem Lichtschimmer spricht die Musik leise und wehmütig von großer Betrübnis und Leid. Ab Takt 35 erscheint ein neues musikalisches Thema in der Tonart A-Dur und spendet Trost und Zuversicht mit den heilenden Kräften ihres Lichts.

Das Gedicht *Dulde, trage* von Christian Morgenstern fasst die oben charakterisierte Stimmung mit wenigen Worten zusammen:

Dulde, trage.
Bessere Tage
werden kommen.
Alles muss frommen
denen, die fest sind.
Herz, altes Kind,
dulde, trage.

Sommerliches Träumen

E-Dur

A. Terzibaschitsch

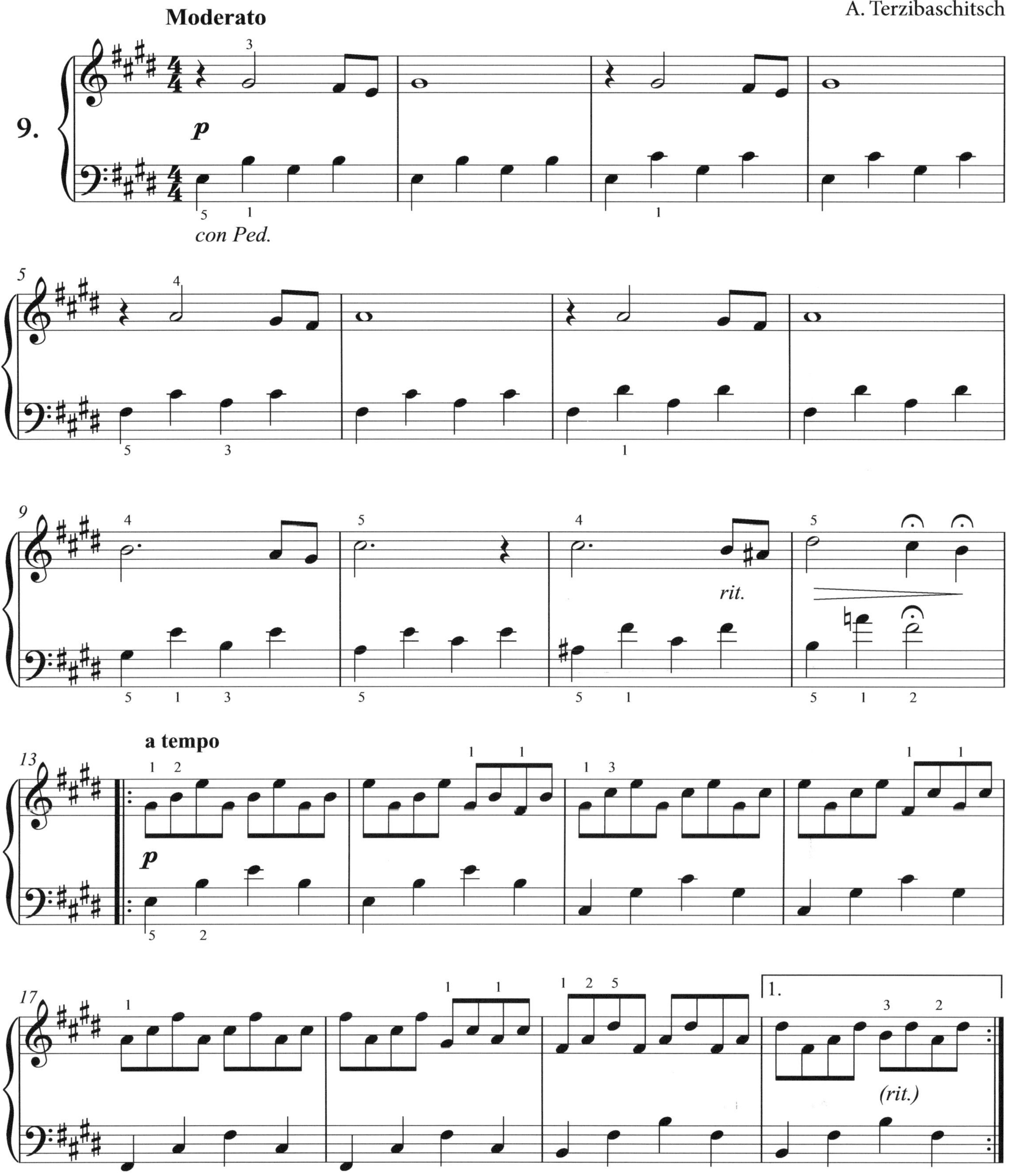

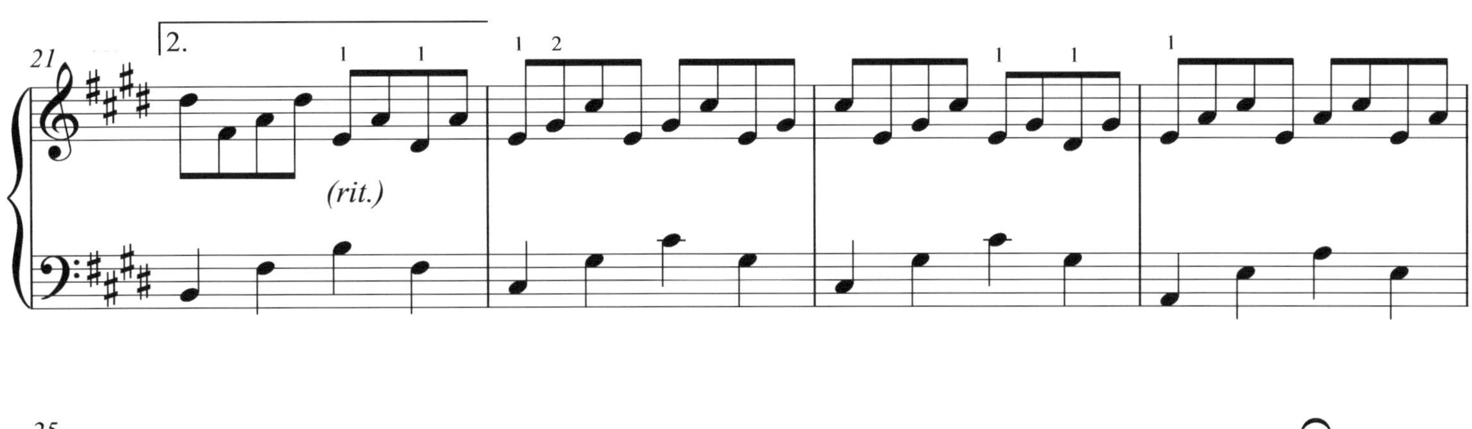

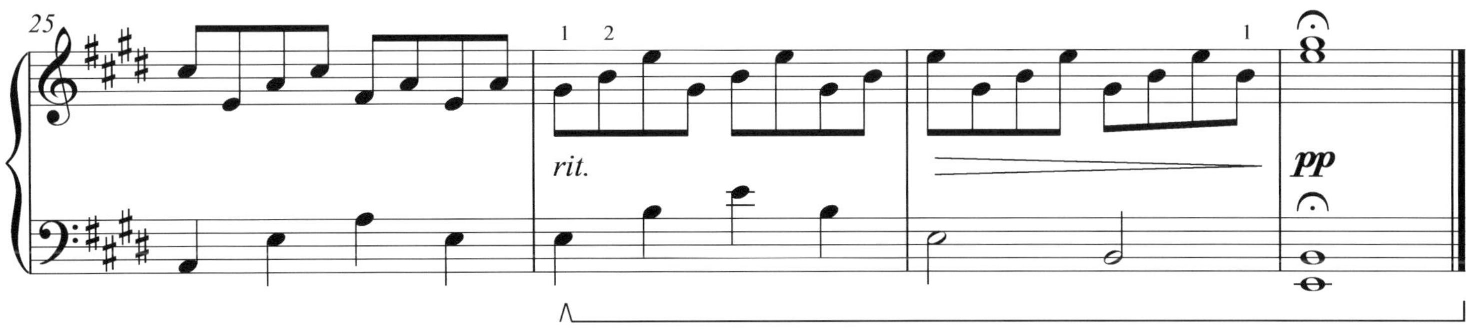

Die Tonart E-Dur hat vier Kreuz-Vorzeichen und gehört zum Sternzeichen Löwe. Beispiele für bekannte Kompositionen in E-Dur sind *Morgenstimmung* aus der Peer-Gynt-Suite von Edvard Grieg, die Ouvertüre aus *Ein Sommernachtstraum* op. 21 von Felix Mendelssohn Bartholdy, das Lied *Mondnacht* op. 39 Nr. 5 von Robert Schumann u.a.

Die Stimmung von E-Dur ist hochsommerlich. Sie kann den Eindruck von innerer Wärme und Stärke, von Schönheit und innerem Frieden vermitteln.

Das Gedicht *Mondnacht* von Joseph von Eichendorff bringt diese Stimmung zum Ausdruck:

Es war, als hätt' der Himmel
die Erde still geküsst,
dass sie im Blütenschimmer
von ihm nur träumen müsst.

Die Luft ging durch die Felder,
die Ähren wogten sacht,
es raunten leis' die Wälder,
so sternklar war die Nacht.

Und meine Seele spannte
weit ihre Flügel aus,
flog durch die stillen Lande,
als flöge sie nach Haus.

Sicilienne

cis-Moll

A. Terzibaschitsch

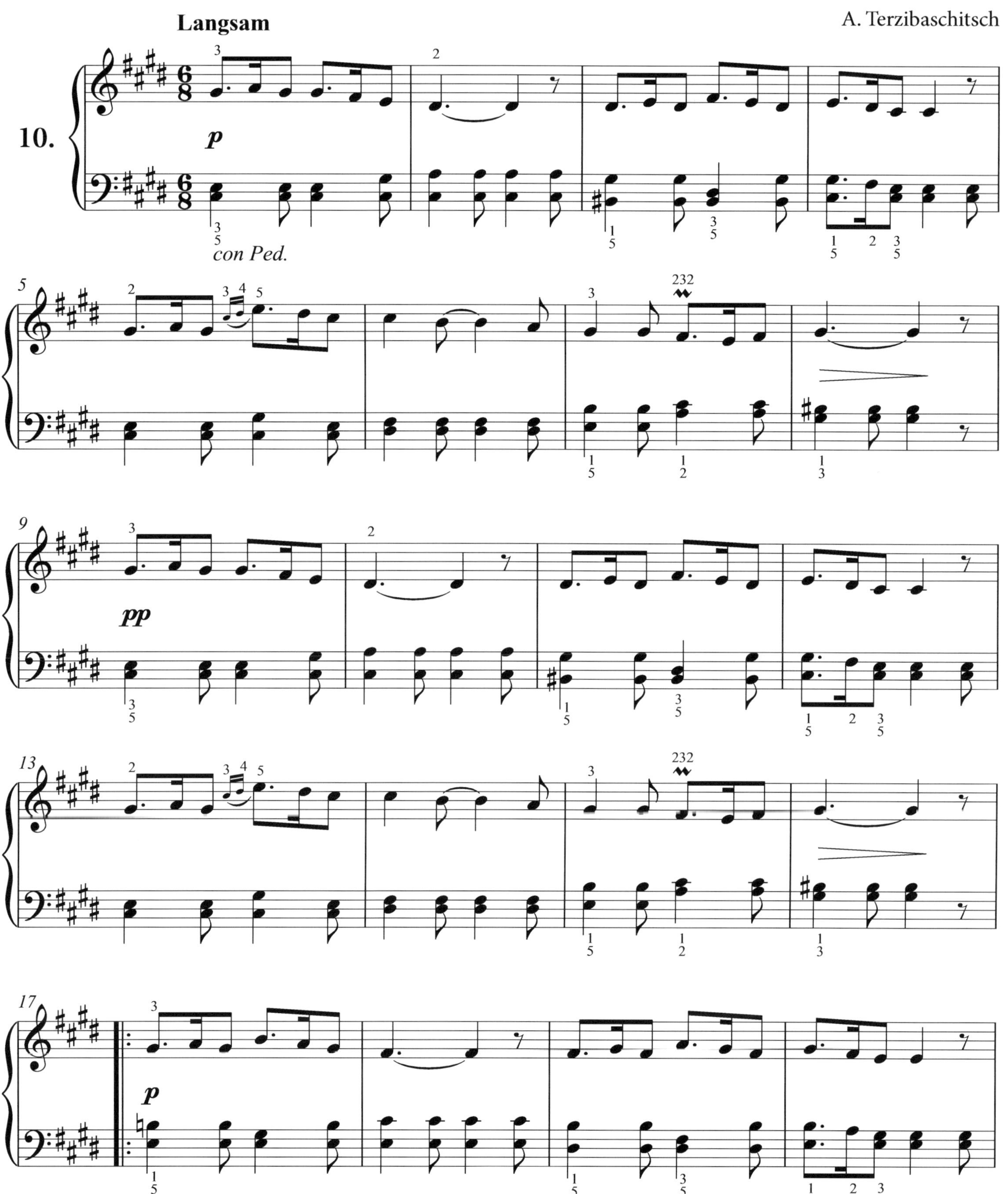

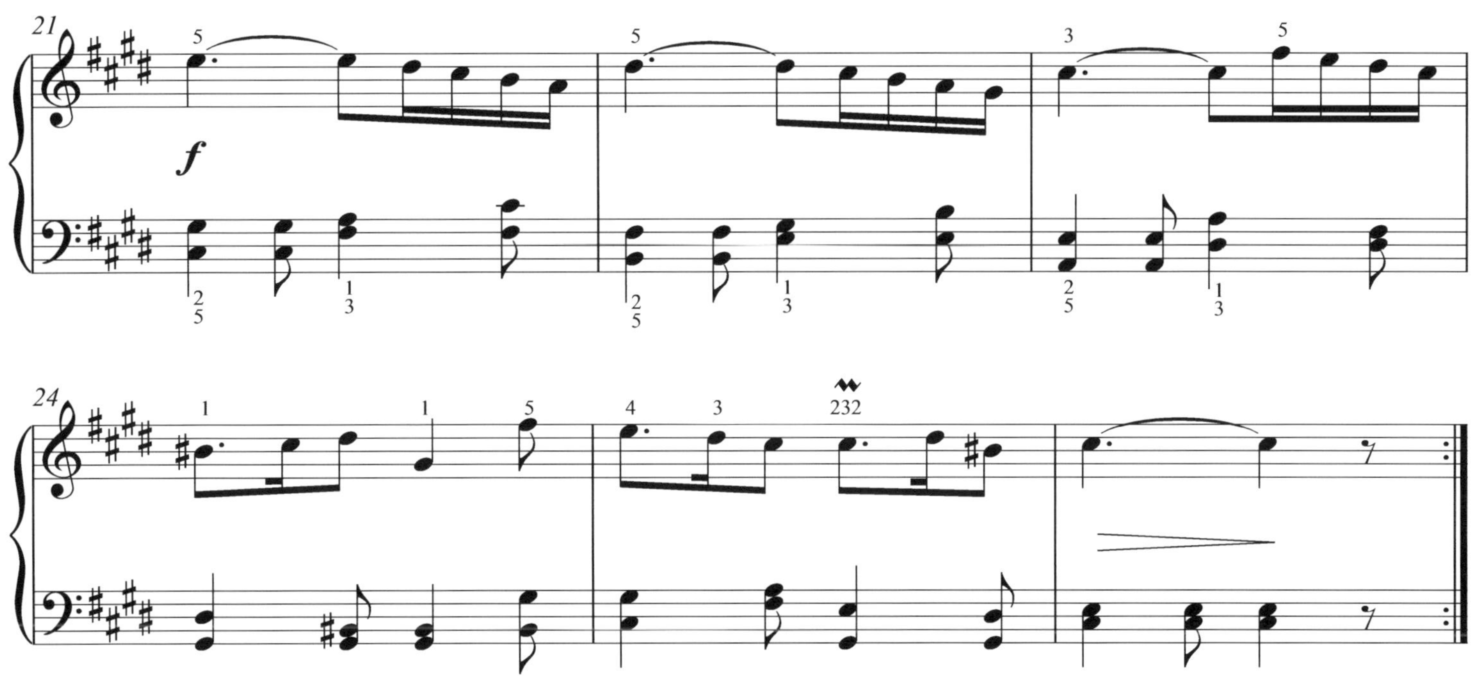

Die Tonart cis-Moll hat vier Kreuz-Vorzeichen und gehört als parallele Molltonart von E-Dur zum Sternzeichen Löwe. Beispiele für bekannte Kompositionen in cis-Moll sind die *Mondscheinsonate* op. 27 Nr. 2 von Ludwig van Beethoven, das *Moment musical* op. 94 Nr. 4 von Franz Schubert, das *Fantasie-Impromptu* op. posthum 66 von Frédéric Chopin, das Prélude op. 3 Nr. 2 aus *Morceaux de fantaisie* von Sergej Rachmaninoff u.a.

Die Stimmung von cis-Moll kann in vielen musikalischen Werken der letzten Jahrhunderte als eine der sehnsüchtigsten und schwermütigsten empfunden werden.

Das Gedicht *Die blaue Blume* von Joseph von Eichendorff gibt dieser Stimmung Ausdruck:

Ich suche die blaue Blume,
ich suche und finde sie nie.
Mir träumt, dass in der Blume
mein gutes Glück mir blüh.

Ich wandre mit meiner Harfe
durch Länder, Städt und Au'n,
ob nirgends in der Runde
die blaue Blume zu schaun.

Ich wandre schon seit lange,
hab lang gehofft, vertraut.
Doch ach, noch nirgends hab ich
die blaue Blum geschaut.

Weiße Taube

H-Dur

A. Terzibaschitsch

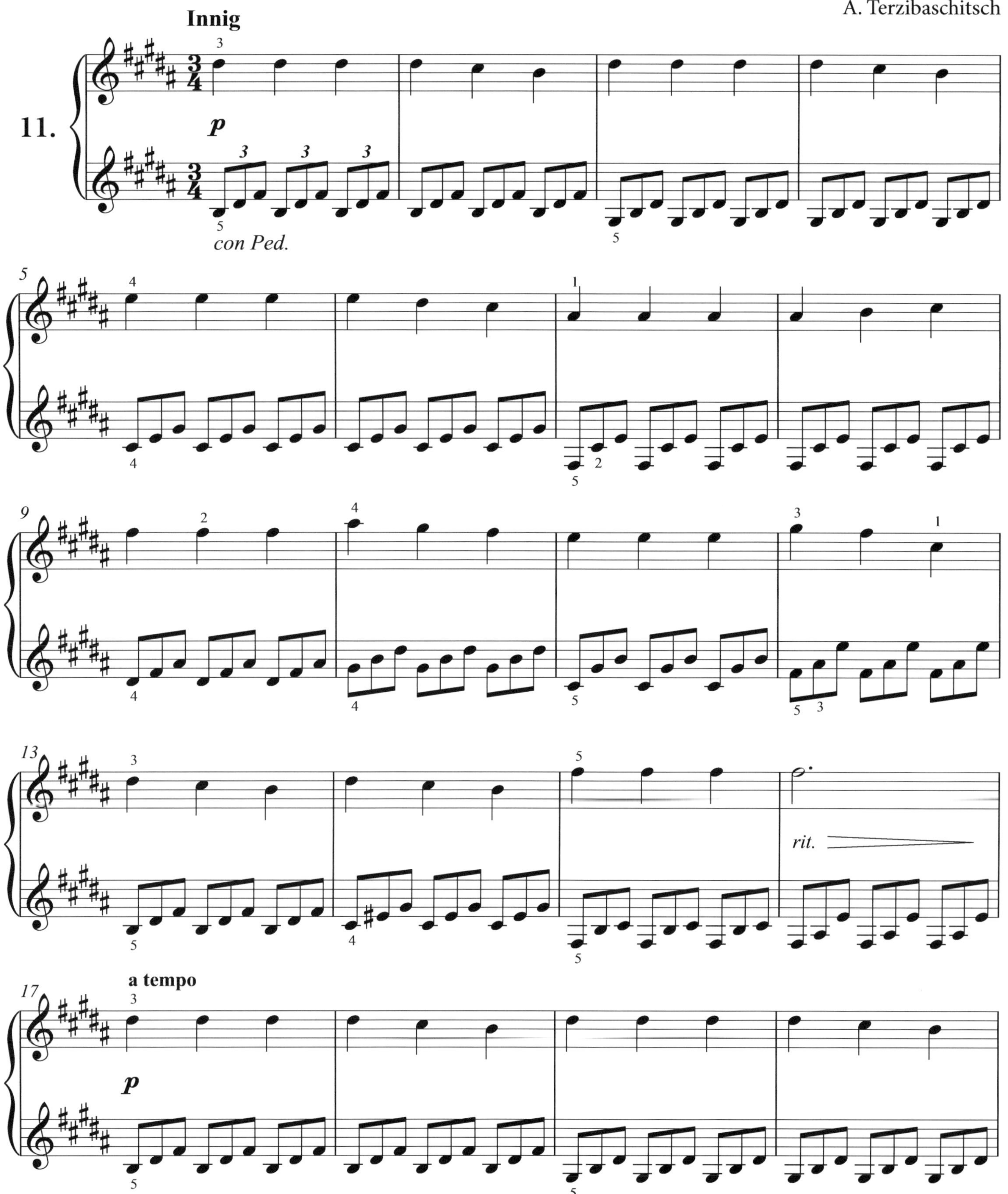

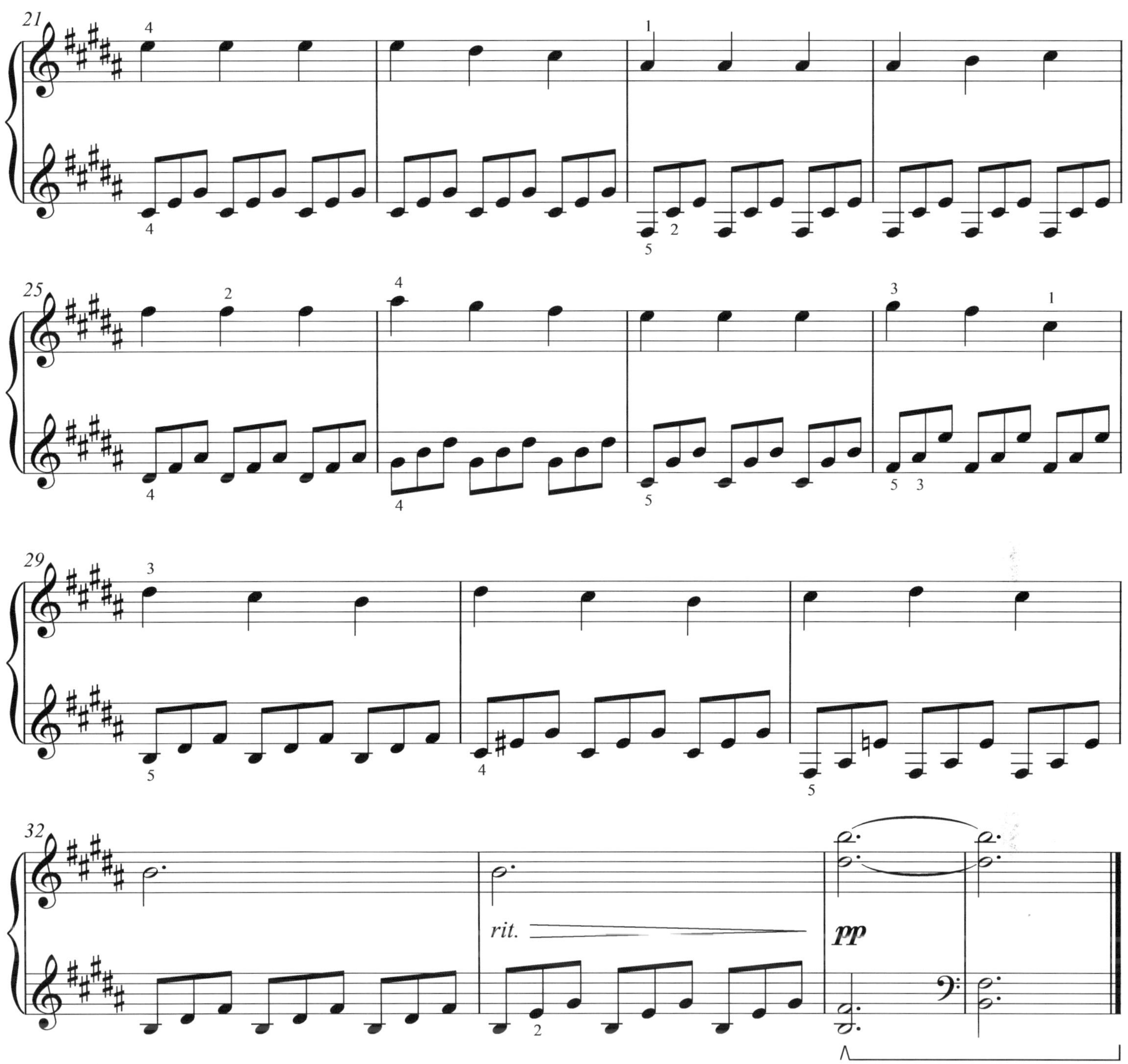

Die Tonart H-Dur-Dur hat fünf Kreuz-Vorzeichen und gehört zum Sternzeichen Jungfrau. Beispiele für bekannte Kompositionen in H-Dur sind das Nocturne op. 32 Nr. 1 von Frédéric Chopin, das Klaviertrio op. 8 von Johannes Brahms, das Klavierstück *Pagodes* aus dem Zyklus *Estampes* von Claude Debussy u.a.

Die Stimmung der Tonart H-Dur ist tröstend, unschuldig und rein. Doch kann auch eine Abschiedsstimmung spürbar werden. Die Tage werden kürzer, der Sommer vergeht. Nun hält das Licht seinen Einzug in Mensch und Natur, um dort neue Lichtqualitäten zu entfalten.

Der Musiktheoretiker Hugo Riemann schreibt in seiner Analyse des *Wohltemperierten Klaviers* von Johann Sebastian Bach über Präludium und Fuge Nr. 23 H-Dur: „Dur-Tonarten mit vielen Kreuzen (H-Dur, Fis-Dur) fließen über von allumfassender Liebe; sie offenbaren das Glück einer die Harmonie der Welt entzückt schauenden Seele.“

Il pleure dans mon cœur*)

gis-Moll

A. Terzibaschitsch

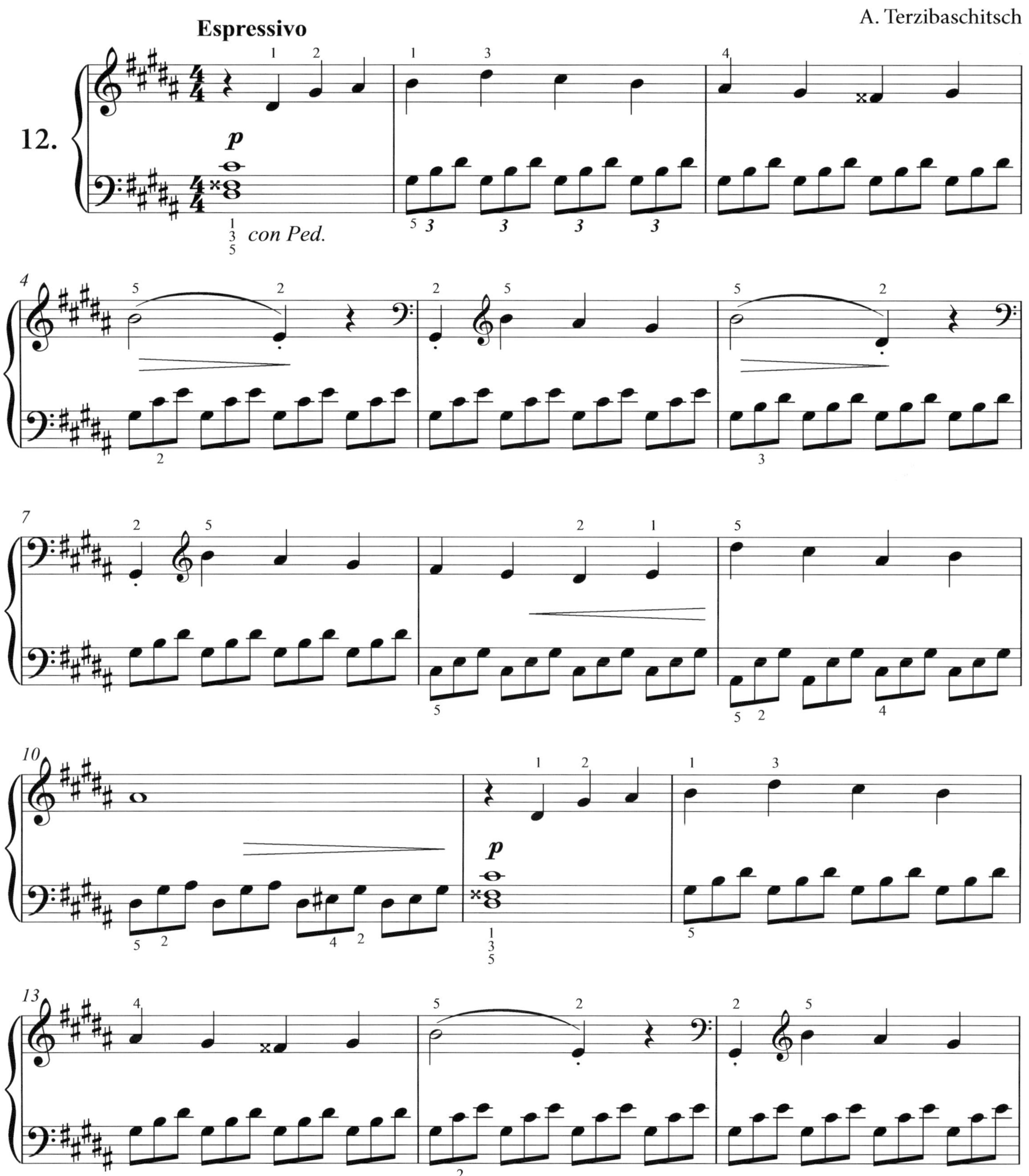

*) „Es weint in meinem Herzen", Titel eines Gedichts von Paul Verlaine

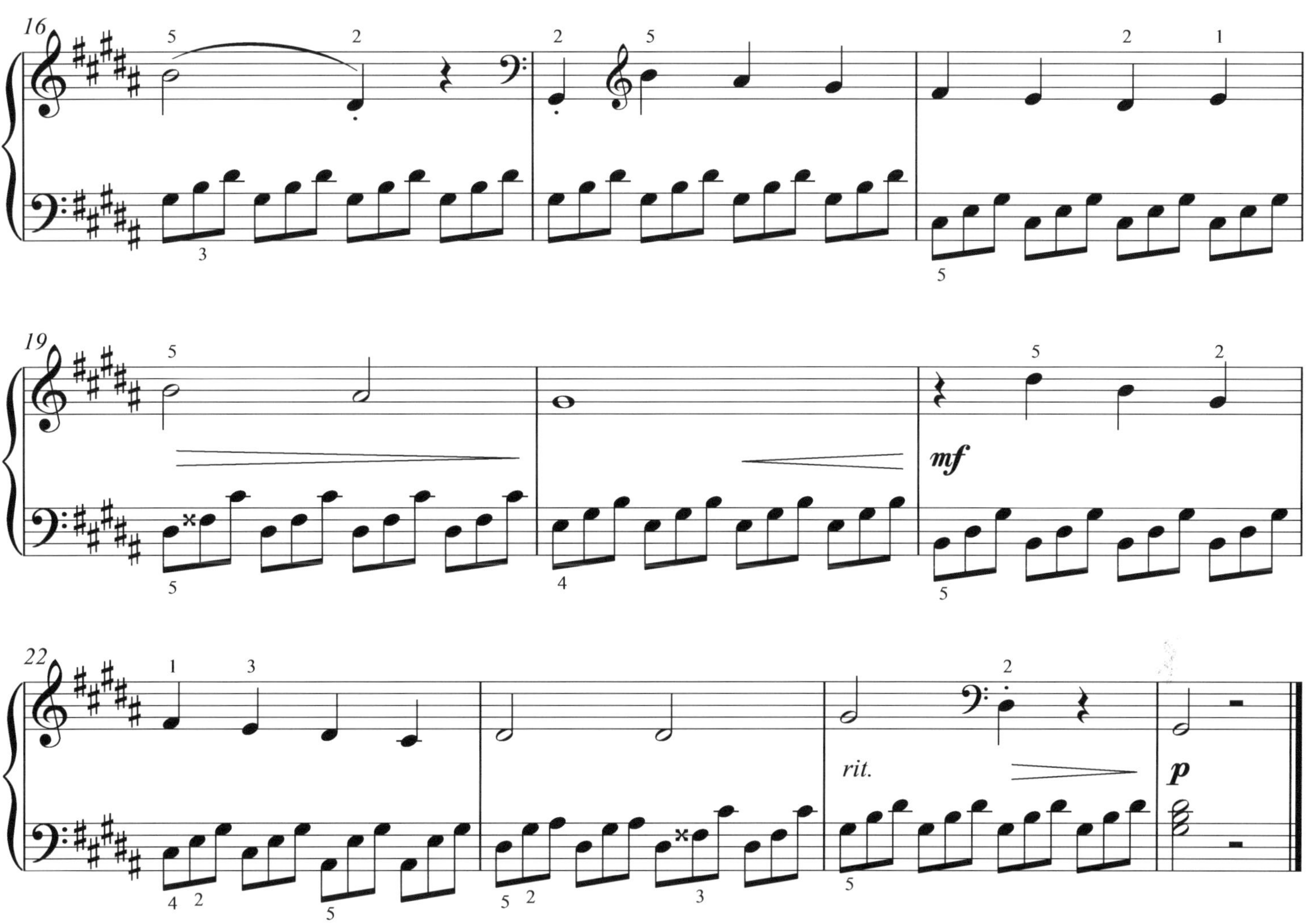

Die Tonart gis-Moll hat als parallele Molltonart von H-Dur fünf Kreuz-Vorzeichen und gehört zum Sternzeichen Jungfrau. Beispiele für bekannte Kompositionen in gis-Moll sind der Walzer op. 39 Nr. 3 von Johannes Brahms, die Polonaise Nr. 14 op. posthum von Frédéric Chopin, *Das alte Schloss* aus dem Klavierzyklus *Bilder einer Ausstellung* von Modest Mussorgski, die 2. Klaviersonate op. 19 von Alexander Skrjabin u.a.

Die Tonart gis-moll ist häufig wehmütig und leicht melancholisch. Es gilt Abschied zu nehmen. Die erste, lichtvolle Hälfte des Jahreslaufs geht allmählich zu Ende.

Das Gedicht *Hälfte des Lebens* von Friedrich Hölderlin verleiht dieser Stimmung Ausdruck:

Mit gelben Birnen hänget
Und voll mit wilden Rosen
Das Land in den See,
Ihr holden Schwäne,
Und trunken von Küssen
Tunkt ihr das Haupt
Ins heilignüchterne Wasser.

Weh mir, wo nehm' ich, wenn
Es Winter ist, die Blumen, und wo
Den Sonnenschein,
Und Schatten der Erde?
Die Mauern stehn
Sprachlos und kalt, im Winde
Klirren die Fahnen.

Ein Lied für den Frieden

Fis-Dur

A. Terzibaschitsch

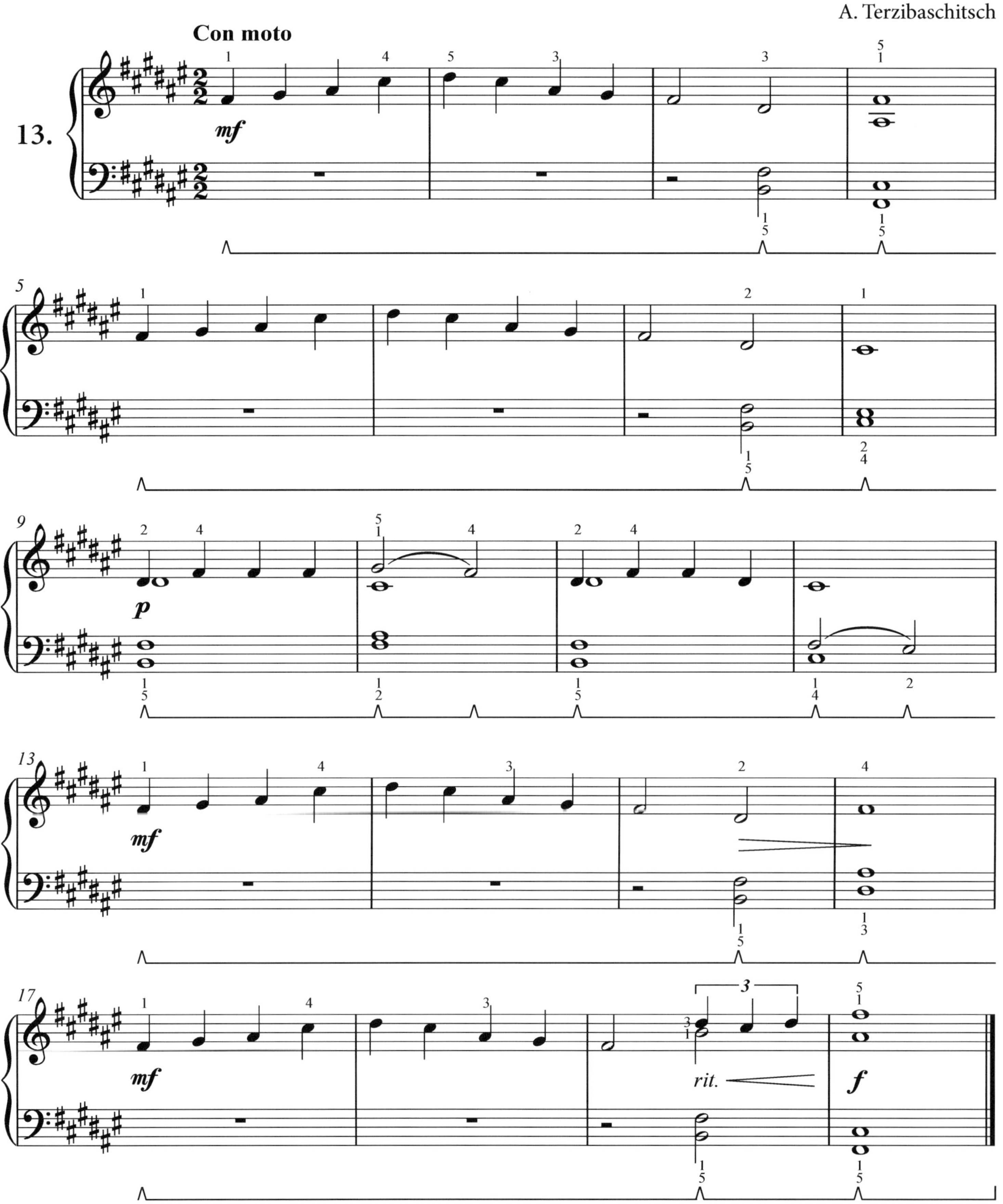

Die Tonart Fis-Dur hat sechs Kreuz-Vorzeichen und gehört zum Sternzeichen Waage. Beispiele für bekannte Kompositionen in Fis-Dur sind die Klaviersonate op. 78 von Ludwig van Beethoven, die *Romanze* op. 28 Nr. 2 von Robert Schumann, die *Barcarolle* op. 60 von Frédéric Chopin, das Klavierstück *Le petit âne blanc* aus *Histoires* von Jacques Ibert, das volkstümliche Klavierstück *Flohwalzer* u.a.

Fis-Dur ist die enharmonische Schwester der Tonart Ges-Dur. Beim Durchschreiten des Quintenzirkels im Uhrzeigersinn ist mit der Tonart Fis-Dur eine Grenze erreicht. An dieser Grenze findet ein enharmonischer Verwandlungsprozess statt, der den Übergang bildet in ein neues Tongebiet (B-Tonarten). Hier begegnen sich Fis-Dur und Ges-Dur und halten sich die Waage.

Die Stimmung von Fis-Dur ist versöhnlich. Sie kann das Gefühl von höchster Liebe, Harmonie, Ausgeglichenheit und innerem Frieden vermitteln.

In dem Segenswunsch *Und Friede durchströme mich* wird die oben charakterisierte Stimmung zum Ausdruck gebracht:

Und Friede durchströme mich bis in die Füße,
damit ich Frieden verbreite als Botschaft,
die von den Engeln kommt.

Von guten Mächten

dis-Moll

Langsam

A. Terzibaschitsch

14.

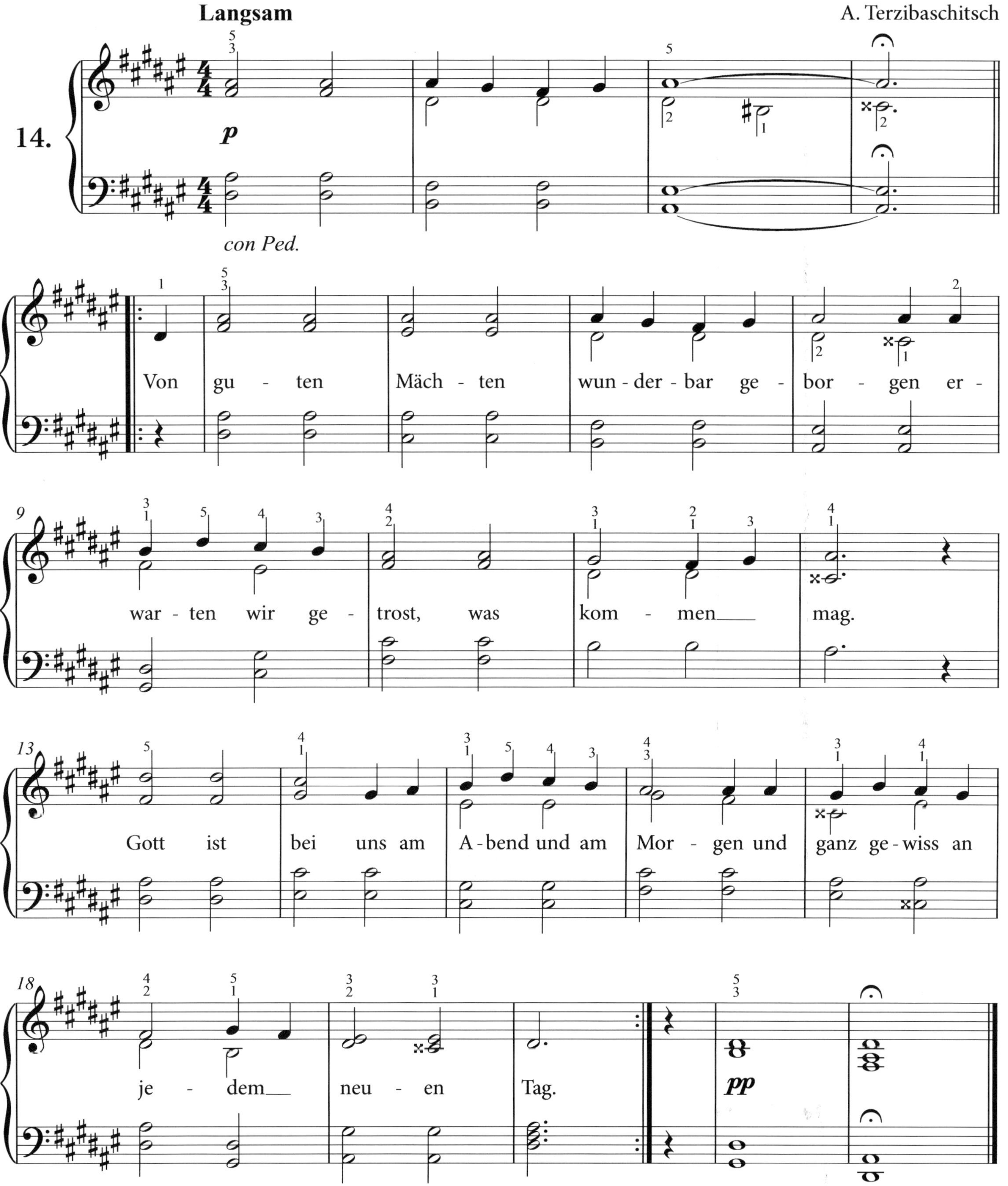

Die Tonart dis-Moll hat als parallele Molltonart von Fis-Dur sechs Kreuz-Vorzeichen und gehört zum Sternzeichen Waage. Dis-Moll ist die enharmonische Schwester der Tonart es-Moll. Beim Durchschreiten des Quintenzirkels im Uhrzeigersinn ist mit dis-Moll eine Grenze erreicht. An dieser Grenze findet ein enharmonischer Verwandlungsprozess statt, der den Übergang bildet in ein neues Tongebiet (B-Tonarten). Hier begegnen sich dis-Moll und es-Moll und halten sich die Waage. Beispiel für eine bekannte Komposition in dis-Moll ist die Etüde op. 8 Nr. 12 des russischen Komponisten Alexander Skrjabin.

Die Stimmung von dis-Moll lastet schwer. Wie die Tonart es-Moll kann auch sie die Empfindung hervorrufen, eine Schwelle erreicht zu haben, an welcher eine Entscheidung bevorsteht, deren Ausgang im Ungewissen liegt.

Dietrich Bonhoeffer verfasste das Gedicht *Von guten Mächten wunderbar geborgen* im Dezember 1944 in dunkler, schicksalsschwerer Zeit. Obwohl er sich persönlich in einer existenziellen Schwellensituation befand, gelang es ihm auf bewundernswerte Weise, seinen Worten Hoffnung, Licht und Zuversicht zu verleihen:

Von guten Mächten treu und still umgeben,
behütet und getröstet wunderbar,
so will ich diese Tage mit euch leben
und mit euch gehen in ein neues Jahr.

Noch will das alte unsre Herzen quälen,
noch drückt uns böser Tage schwere Last.
Ach, Herr, gib unsern aufgeschreckten Seelen
das Heil, für das du uns geschaffen hast.

Und reichst du uns den schweren Kelch, den bittern
des Leids, gefüllt bis an den höchsten Rand,
so nehmen wir ihn dankbar ohne Zittern
aus deiner guten und geliebten Hand.

Doch willst du uns noch einmal Freude schenken
an dieser Welt und ihrer Sonne Glanz,
dann wolln wir des Vergangenen gedenken
und dann gehört dir unser Leben ganz.

Lass warm und hell die Kerzen heute flammen,
die du in unsre Dunkelheit gebracht.
Führ, wenn es sein kann, wieder uns zusammen.
Wir wissen es, dein Licht scheint in der Nacht.

Wenn sich die Stille nun tief um uns breitet,
so lass uns hören jenen vollen Klang
der Welt, die unsichtbar sich um uns weitet,
all deiner Kinder hohen Lobgesang.

Von guten Mächten wunderbar geborgen
erwarten wir getrost, was kommen mag.
Gott ist bei uns am Abend und am Morgen
und ganz gewiss an jedem neuen Tag.

Ein Lied für den Frieden

Ges-Dur

A. Terzibaschitsch

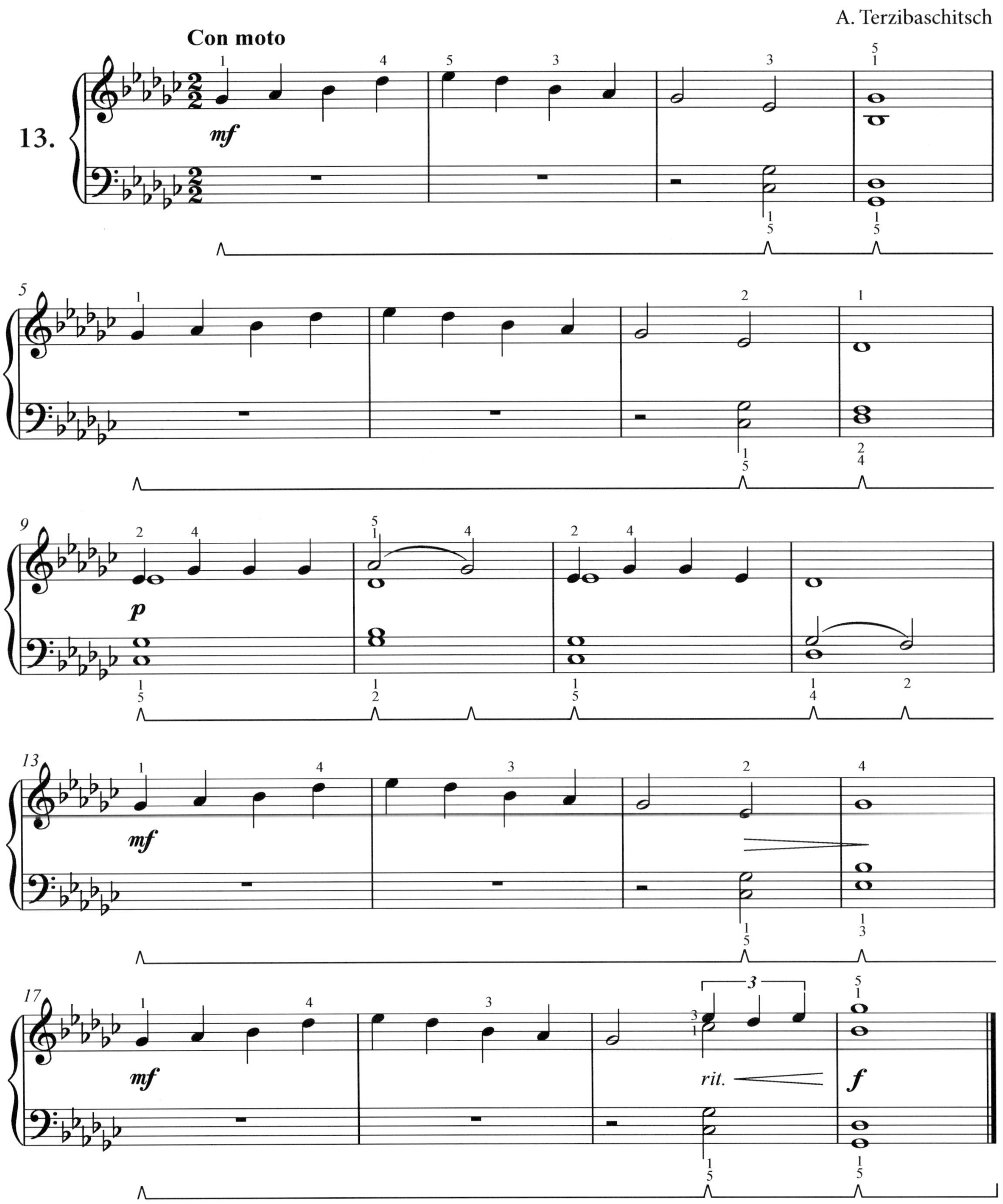

Die Tonart Ges-Dur hat sechs B-Vorzeichen und gehört zum Sternzeichen Waage. Beispiele für bekannte Kompositionen in Ges-Dur sind das *Impromptu* op. 90 Nr. 3 von Franz Schubert, die *Humoreske* op. 101 Nr. 7 von Antonín Dvořák, die *Schwarze-Tasten-Etüde* op. 10 Nr. 5 von Frédéric Chopin, das Klavierstück *La Gondola* op. 13 Nr. 2 von Georg Martin Adolf von Henselt, das volkstümliche Klavierstück *Flohwalzer* u.a.

Ges-Dur ist die enharmonische Schwester der Tonart Fis-Dur. Beim Durchschreiten des Quintenzirkels gegen den Uhrzeigersinn ist mit der Tonart Ges-Dur eine Grenze erreicht. An dieser Grenze findet ein enharmonischer Verwandlungsprozess statt, der den Übergang bildet in ein neues Tongebiet (Kreuz-Tonarten). Hier begegnen sich Ges-Dur und Fis-Dur und halten sich die Waage.

Die Stimmung von Ges-Dur kann mit den Attributen zart, leicht, weich, harmonisch, ausgeglichen und versöhnlich beschrieben werden.

In dem Gedicht *Eins und alles* von Christian Morgenstern wird die oben charakterisierte Stimmung zum Ausdruck gebracht:

Meine Liebe ist groß
wie die weite Welt,
und nichts ist außer ihr,
wie die Sonne alles
erwärmt, erhellt,
so tut sie der Welt von mir!

Da ist kein Gras,
da ist kein Stein,
darin meine Liebe nicht wär,
da ist kein Lüftlein
noch Wässerlein,
darin sie nicht zög einher!

Da ist kein Tier
vom Mücklein an
bis zu uns Menschen empor,
darin mein Herze
nicht wohnen kann,
daran ich es nicht verlor!

Ich trage die Welt
in meinem Schoß,
ich bin ja selber die Welt,
ich wettre in Blitzen,
in Stürmen los
und bin der Gestirne Zelt!

Meine Liebe ist weit
wie die Seele mein,
alle Dinge ruhen in ihr,
das ganze Weltall
bin ich allein,
und nichts ist außer mir!

Von guten Mächten

es-Moll

Langsam

A. Terzibaschitsch

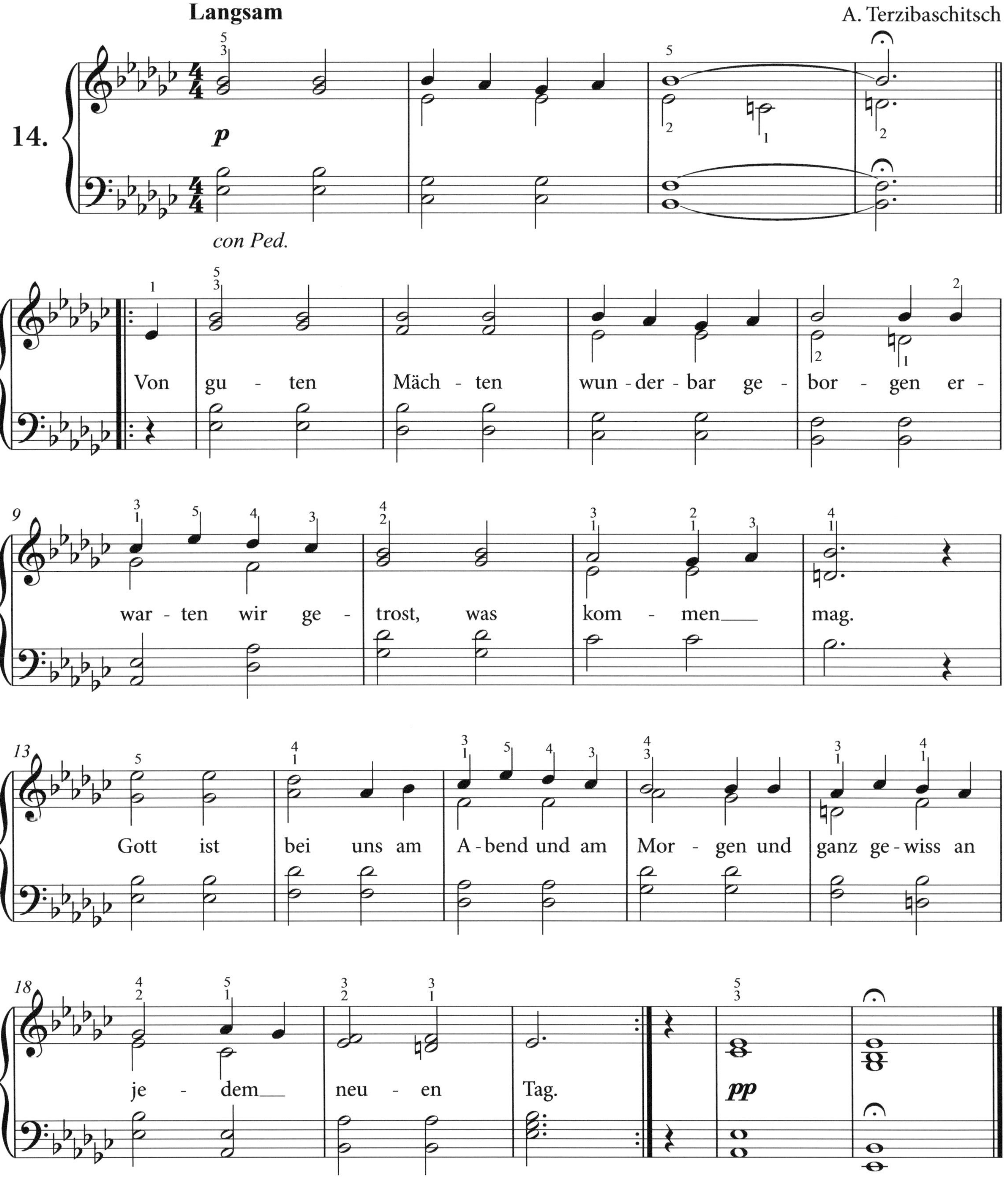

Die Tonart es-Moll hat als parallele Molltonart von Ges-Dur sechs B-Vorzeichen und gehört zum Sternzeichen Waage. Es-Moll ist die enharmonische Schwester der Tonart dis-Moll. Beim Durchschreiten des Quintenzirkels gegen den Uhrzeigersinn ist mit der Tonart es-Moll eine Grenze erreicht. An dieser Grenze findet ein enharmonischer Verwandlungsprozess statt, der den Übergang bildet in ein neues Tongebiet (Kreuz-Tonarten). Hier begegnen sich es-Moll und dis-Moll und halten sich die Waage.

Beispiele für bekannte Kompositionen in es-Moll sind das letzte Klavierstück aus op. 118 Nr. 6 *Intermezzo* von Johannes Brahms, die *Elégie* op. 3 Nr. 1 von Sergej Rachmaninow, die Klaviersonate *1. Oktober 1905 Von der Straße* von Leoš Janáček u.a.

Die Stimmung von es-Moll lastet schwer. Wie die Tonart dis-Moll kann auch sie die Empfindung hervorrufen, eine Schwelle erreicht zu haben, an welcher eine Entscheidung bevorsteht, deren Ausgang im Ungewissen liegt.

Dietrich Bonhoeffer verfasste das Gedicht V*on guten Mächten wunderbar geborgen* im Dezember 1944 in dunkler, schicksalsschwerer Zeit. Obwohl er sich persönlich in einer existenziellen Schwellensituation befand, gelang es ihm auf bewundernswerte Weise, seinen Worten Hoffnung, Licht und Zuversicht zu verleihen:

Von guten Mächten treu und still umgeben,
behütet und getröstet wunderbar,
so will ich diese Tage mit euch leben
und mit euch gehen in ein neues Jahr.

Noch will das alte unsre Herzen quälen,
noch drückt uns böser Tage schwere Last.
Ach, Herr, gib unsern aufgeschreckten Seelen
das Heil, für das du uns geschaffen hast.

Und reichst du uns den schweren Kelch, den bittern
des Leids, gefüllt bis an den höchsten Rand,
so nehmen wir ihn dankbar ohne Zittern
aus deiner guten und geliebten Hand.

Doch willst du uns noch einmal Freude schenken
an dieser Welt und ihrer Sonne Glanz,
dann wolln wir des Vergangenen gedenken
und dann gehört dir unser Leben ganz.

Lass warm und hell die Kerzen heute flammen,
die du in unsre Dunkelheit gebracht.
Führ, wenn es sein kann, wieder uns zusammen.
Wir wissen es, dein Licht scheint in der Nacht.

Wenn sich die Stille nun tief um uns breitet,
so lass uns hören jenen vollen Klang der Welt,
die unsichtbar sich um uns weitet,
all deiner Kinder hohen Lobgesang.

Von guten Mächten wunderbar geborgen
erwarten wir getrost, was kommen mag.
Gott ist bei uns am Abend und am Morgen
und ganz gewiss an jedem neuen Tag.

Der Adler

Des-Dur

A. Terzibaschitsch

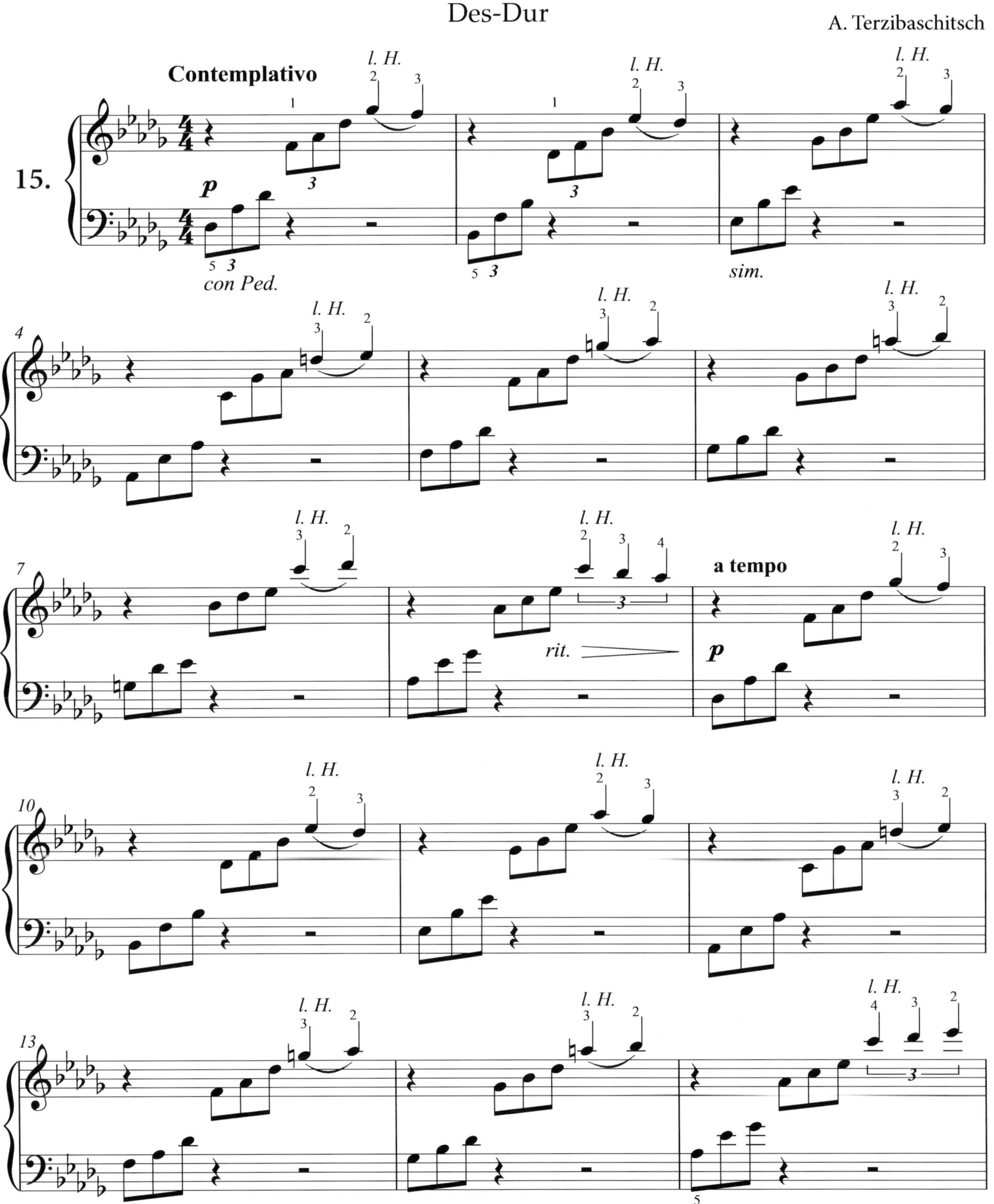

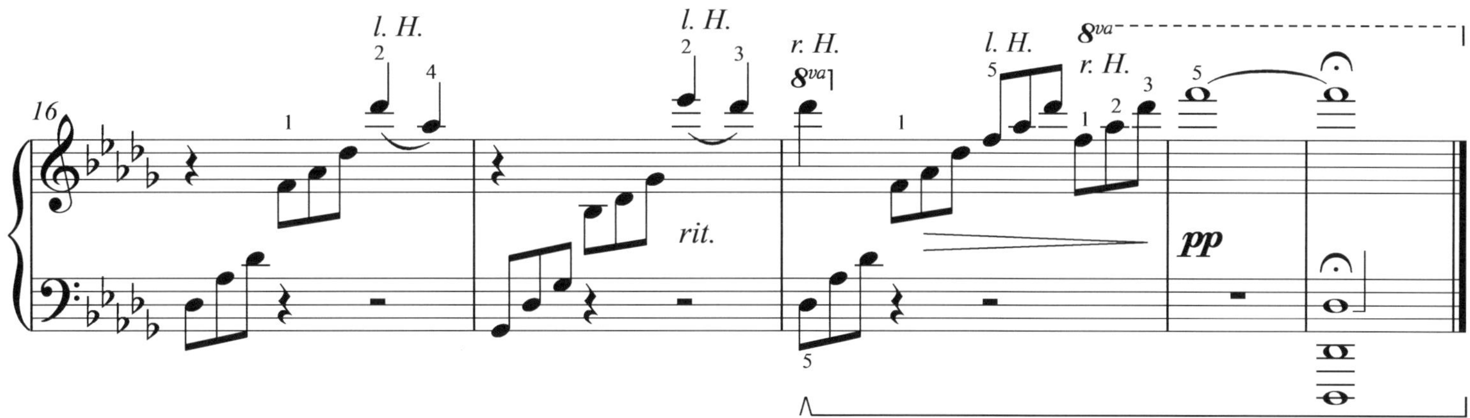

Die Tonart Des-Dur hat fünf B-Vorzeichen und gehört zum Sternzeichen Skorpion. Bekannte Kompositionen in Des-Dur sind das Klavierstück *Des Abends* aus den Fantasiestücken op. 12 von Robert Schumann, der Walzer op. 64 Nr. 1 mit dem Beinamen *Minutenwalzer* von Frédéric Chopin, das Klavierstück *Consolation* Nr. 3 von Franz Liszt, das Klavierstück *Reflets dans l'eau* aus *Images* Band 1 von Claude Debussy, das Klavierkonzert Nr. 1 op. 10 von Sergej Prokofieff u.a.

Das Sternzeichen Skorpion war früher noch als Doppelzeichen „Skorpion-Adler" bekannt. Die Kräfte des Skorpions sollen durch geläutertes und reines Denken veredelt und zu Adlerkräften umgewandelt werden.

Die Stimmung der Tonart Des-Dur ist häufig trostspendend, spricht aber auch von Verlust, Vergänglichkeit und Isolation. Im Spätherbst ziehen sich die Kräfte der Natur in das Innere der Erde zurück. In dieser Zeit neigt die menschliche Seele dazu, sich in sich selbst zurückzuziehen.

Während das Klavierstück *Der Adler* den Aspekt der verwandelten Skorpionkräfte musikalisch zum Ausdruck bringt, schildert das Gedicht *Im Nebel* von Hermann Hesse den Aspekt der Isolation und Vereinsamung:

Seltsam, im Nebel zu wandern!
Einsam ist jeder Busch und Stein,
kein Baum sieht den andern,
jeder ist allein.

Voll von Freunden war mir die Welt,
als noch mein Leben licht war;
nun, da der Nebel fällt,
ist keiner mehr sichtbar.

Wahrlich, keiner ist weise,
der nicht das Dunkel kennt,
das unentrinnbar und leise
von allen ihn trennt.

Seltsam, im Nebel zu wandern!
Leben ist Einsamsein.
Kein Mensch kennt den andern,
jeder ist allein.

Klage und Trost

b-Moll

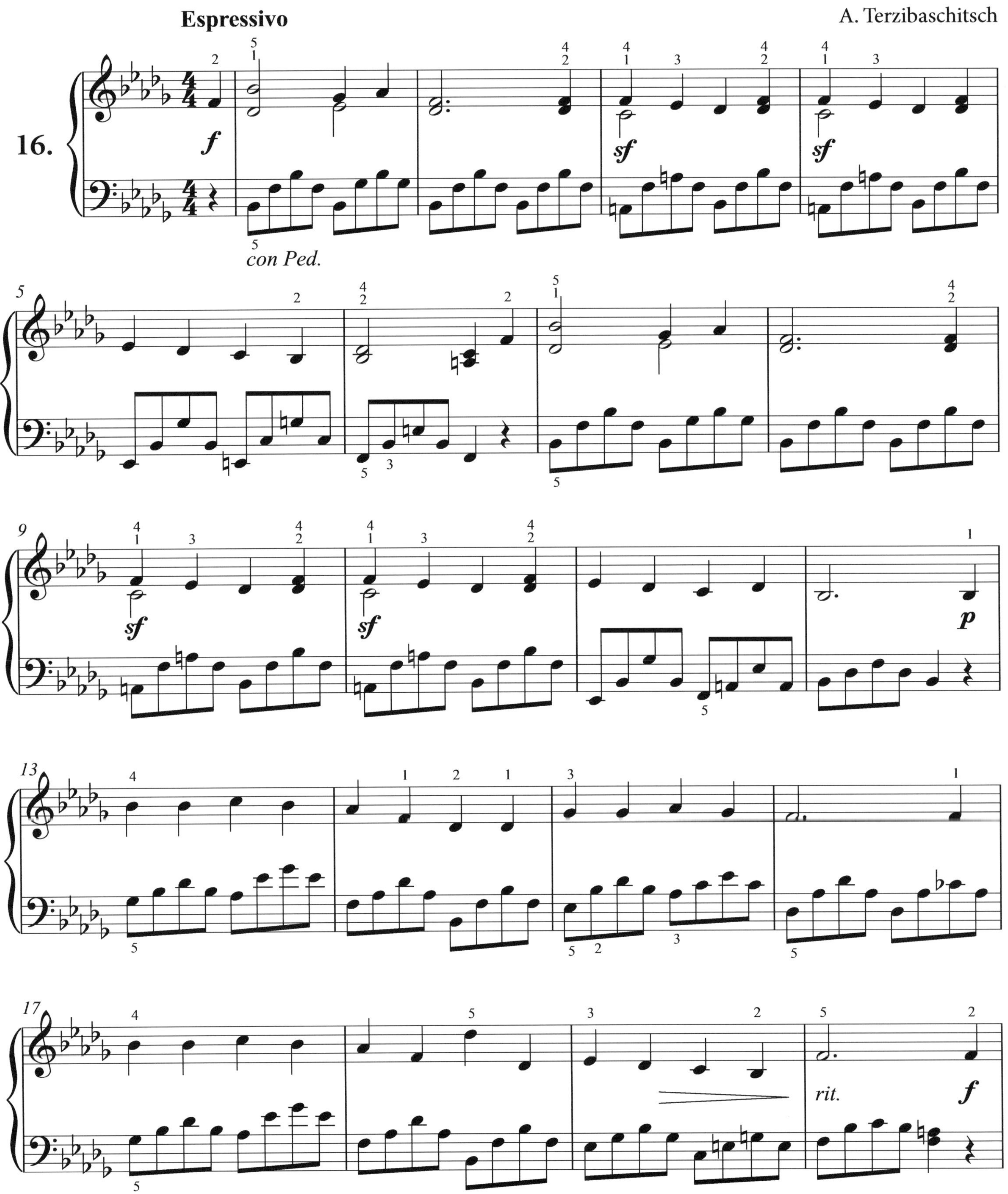

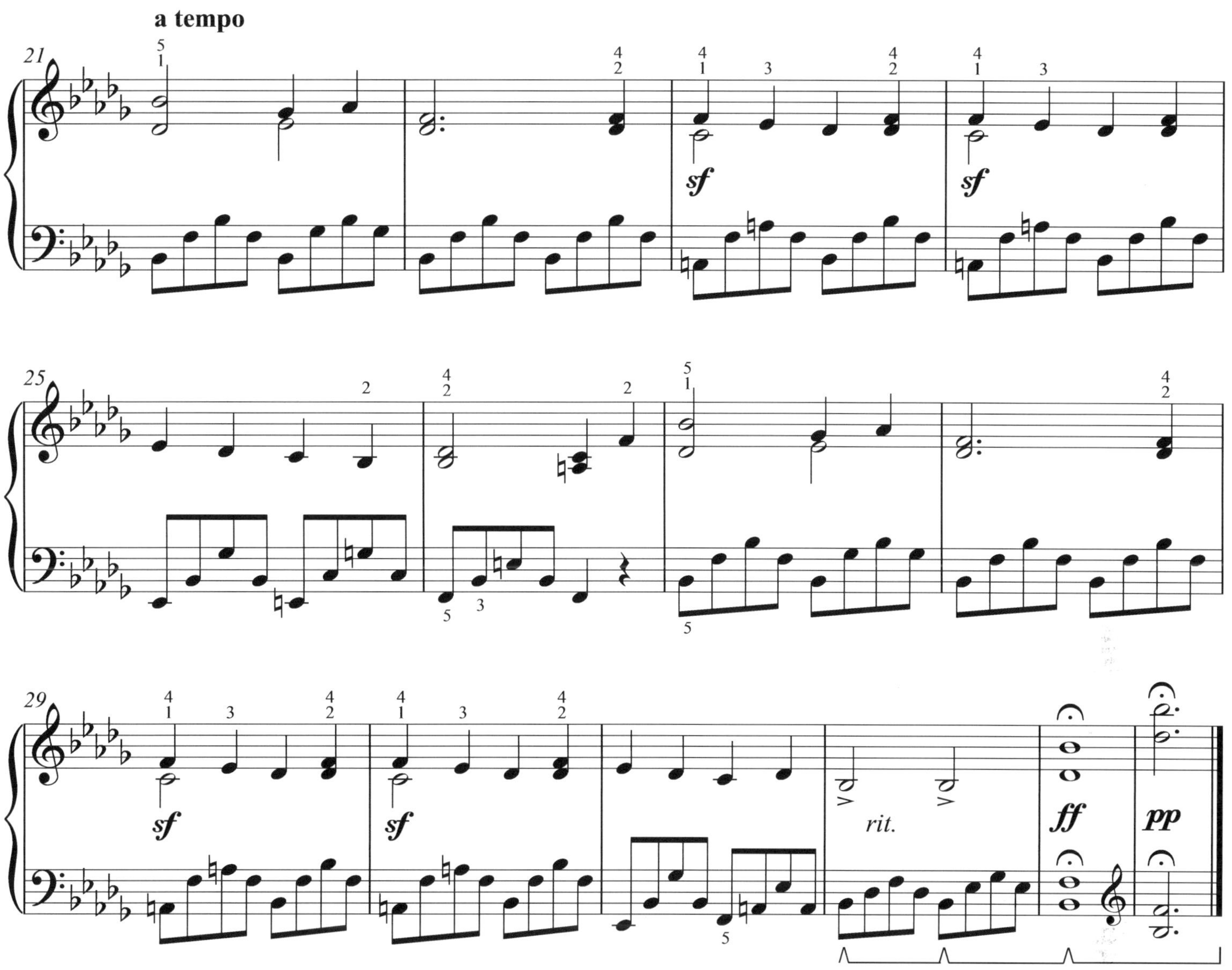

Die Tonart b-Moll hat als parallele Molltonart von Des-Dur fünf B-Vorzeichen und gehört zum Sternzeichen Skorpion. Bekannte Kompositionen in b-Moll sind der *Trauermarsch* aus der zweiten Klaviersonate op. 35 von Frédéric Chopin, das Intermezzo op. 117 Nr. 2 von Johannes Brahms, der 2. Satz aus *Ein deutsches Requiem* op. 45 von Johannes Brahms, das 1. Klavierkonzert op. 23 von Peter Tschaikowski u.a.

Die Stimmung der Tonart b-Moll ist dramatisch, aber auch von Traurigkeit erfüllt. In Kompositionen wird sie häufig verwendet, um der Vergänglichkeit des Daseins auf unterschiedliche Weise musikalisch Ausdruck zu verleihen.

Die Textstelle aus dem 2. Satz des deutschen Requiems von Johannes Brahms (s. o.) bringt die Stimmung der Vergänglichkeit zum Ausdruck:

Denn alles Fleisch ist wie Gras
und alle Herrlichkeit des Menschen
wie des Grases Blume.
Das Gras ist verdorret
und die Blume abgefallen.

Kleiner Stern

As-Dur

A. Terzibaschitsch

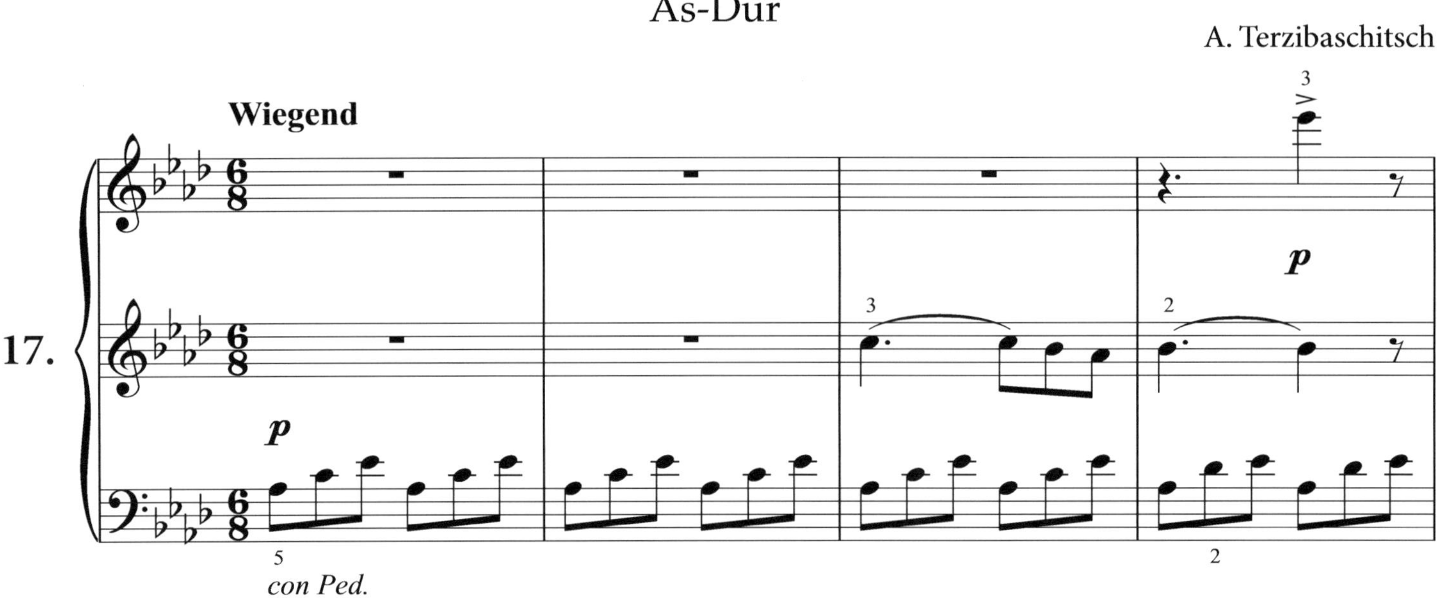

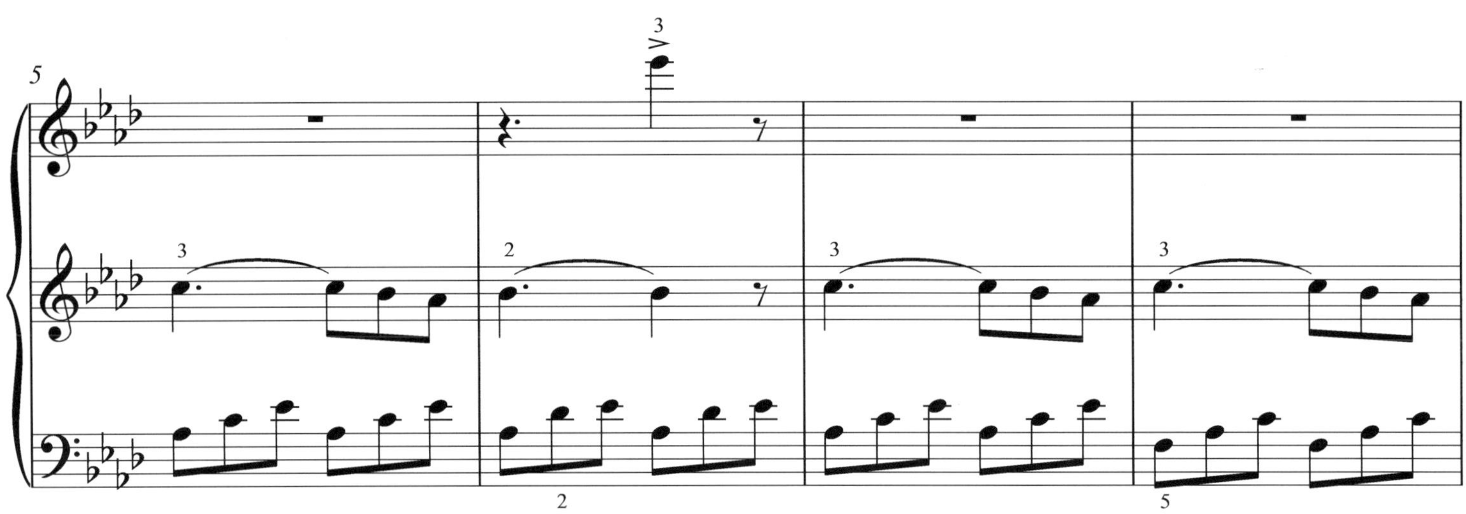

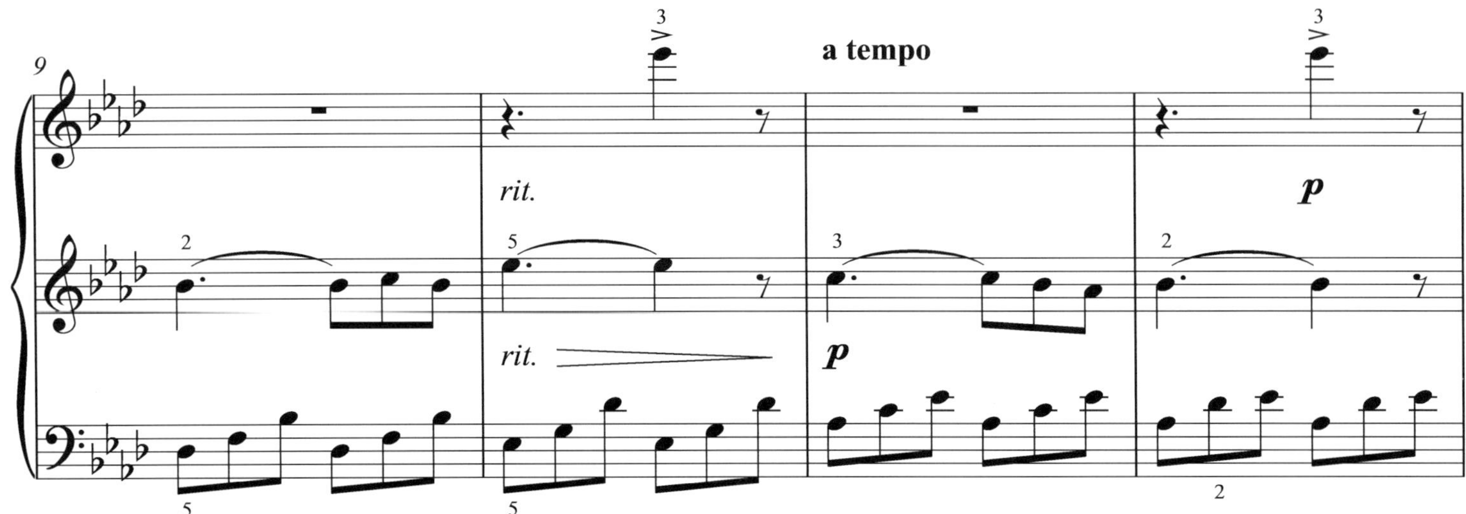

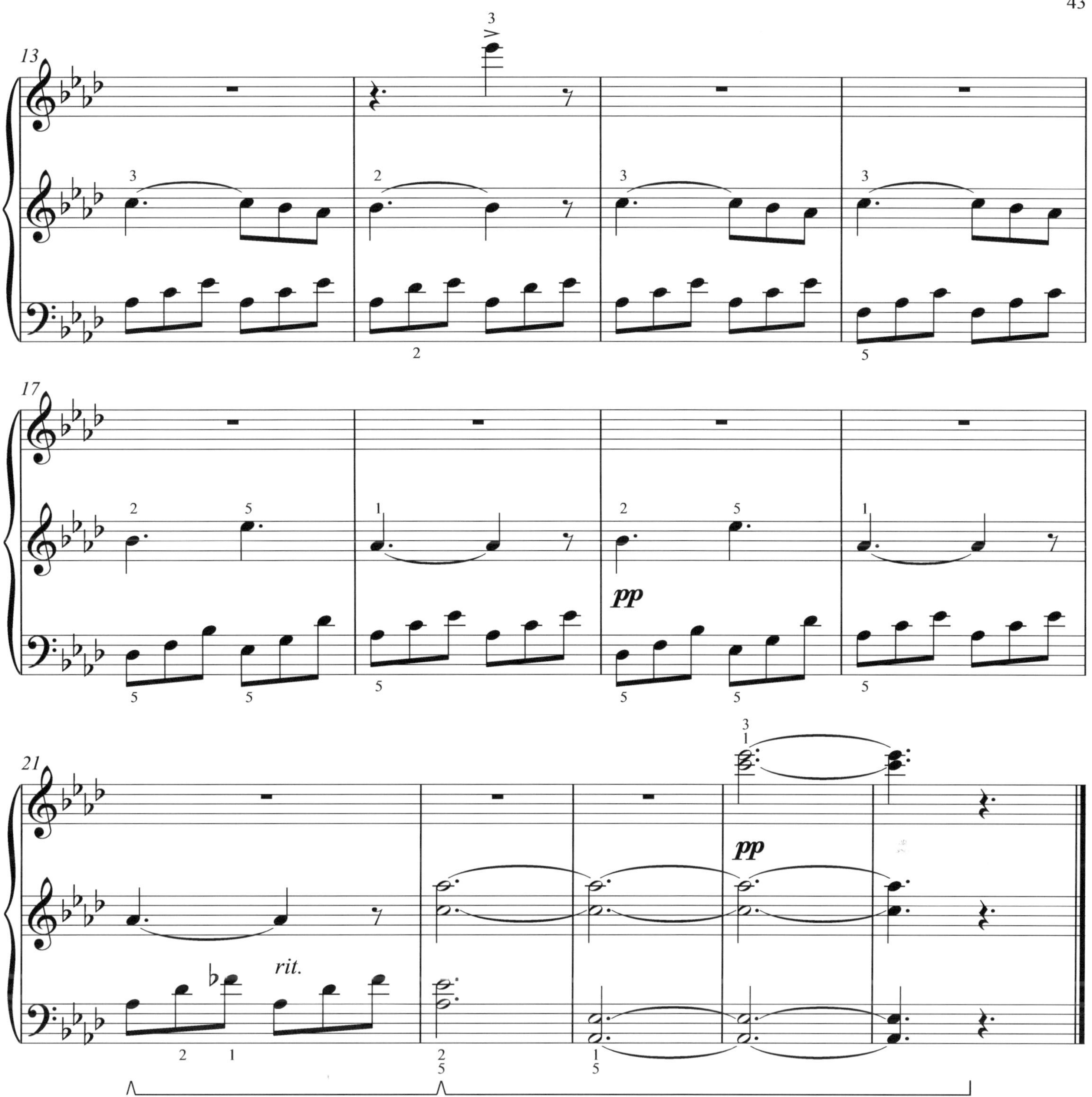

Die Tonart As-Dur hat vier B-Vorzeichen und gehört zum Sternzeichen Schütze. Beispiele für bekannte Kompositionen in As-Dur sind der 2. Satz aus der Klaviersonate op. 13, bekannt unter dem Namen *Pathétique,* von Ludwig van Beethoven, das *Impromptu* op. 142 Nr. 2 von Franz Schubert, das Klavierstück *Liebestraum* Nr. 3 von Franz Liszt u.a.

Die Stimmung von As-Dur ist häufig tröstend, verträumt und beseelt. Das Gedicht *Ein Traum* von Johann Gottfried Herder bringt diese Stimmung zum Ausdruck:

Ein Traum, ein Traum ist unser Leben auf Erden hier.
Wie Schatten auf den Wolken, so schweben und schwinden wir,
und messen unsre trägen Tritte nach Raum und Zeit,
und sind – und wissen's nicht – in Mitte der Ewigkeit.

Im Ungewissen

f-Moll

A. Terzibaschitsch

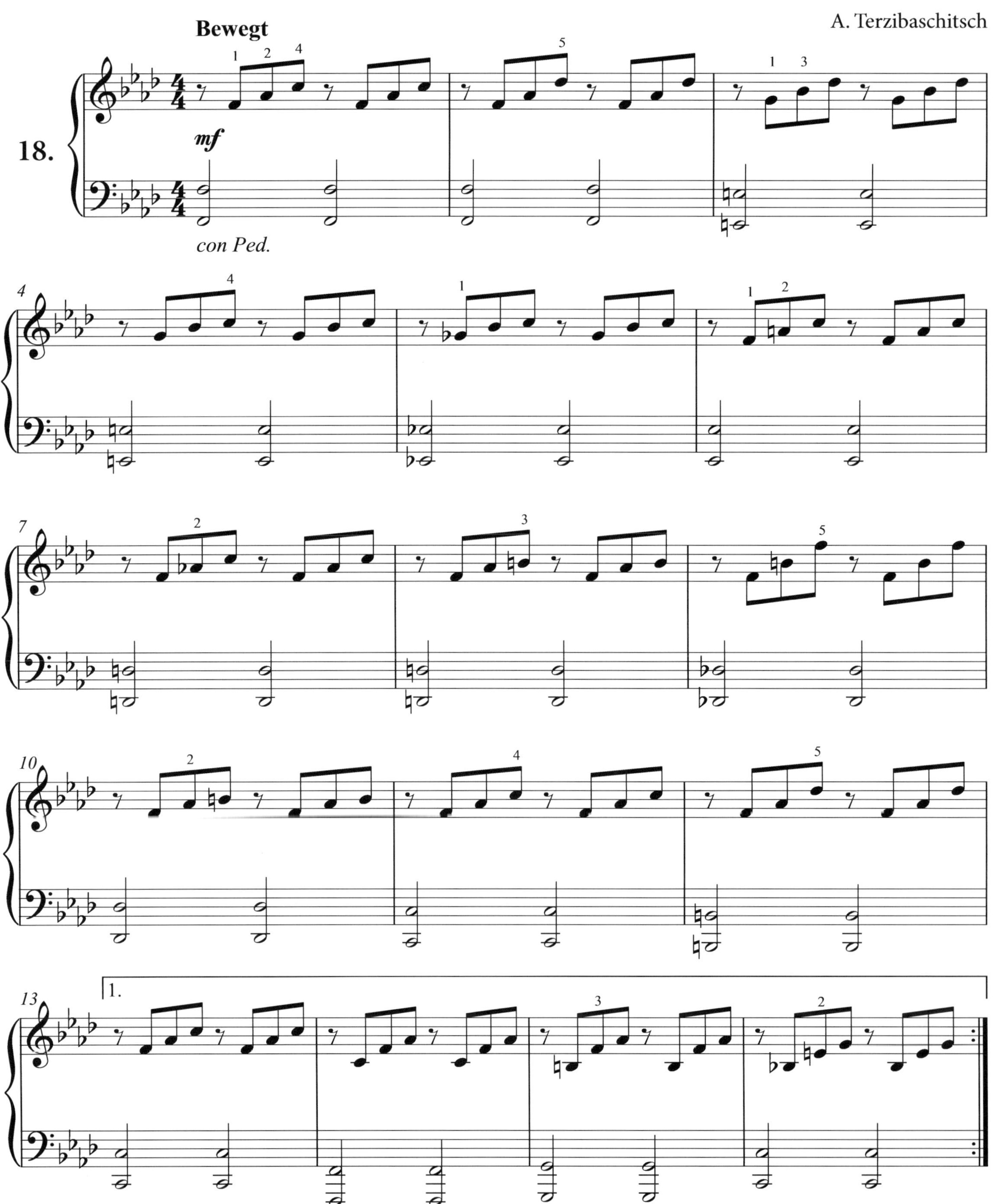

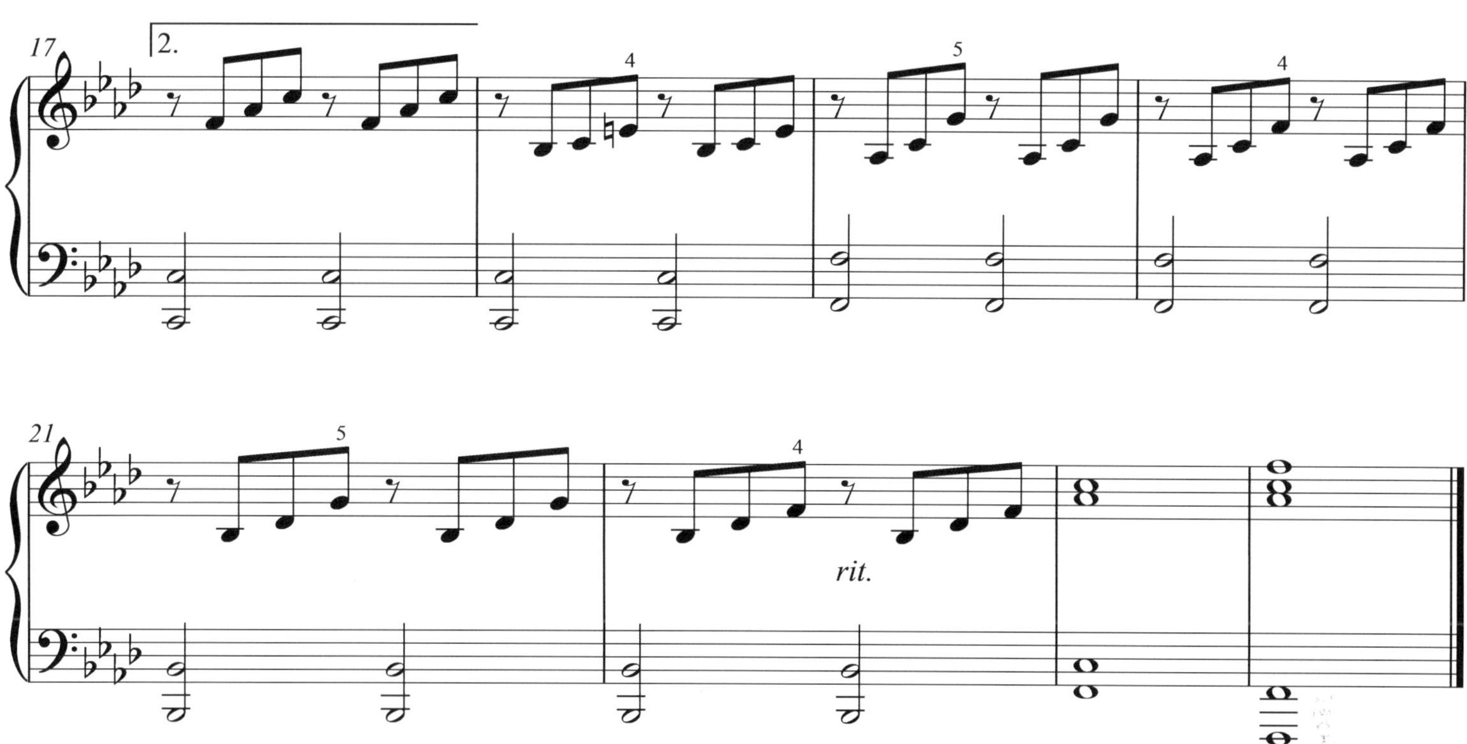

Die Tonart f-Moll hat vier B-Vorzeichen und gehört als parallele Molltonart von As-Dur zum Sternzeichen Schütze. Beispiele für bekannte Kompositionen in f-Moll sind die Klaviersonate op. 57 mit dem Beinamen *Appassionata* von Ludwig van Beethoven, die *Fantasie* für Klavier zu vier Händen D 940 von Franz Schubert, das Klavierstück *In der Nacht* aus den *Fantasiestücken* op. 12 von Robert Schumann u.a.

Mit ihrer ernsten Stimmung gehört f-Moll zu den schwermütigsten Tonarten des Quintenzirkels. Tiefsinnig und der Welt abgewandt, spricht sie von höchster Vereinsamung. Doch die schwermütig dunkle Stimmung enthält auch Elemente des Willens und des Lichts. Der finstere Abgrund ist nur scheinbar. Er ist ein Rätsel, das gelöst werden will.

Der Dichter Friedrich Hölderlin beschreibt in seinem Gedicht *Hyperions Schicksalslied* die Stimmung des scheinbar Aussichtslosen auf ergreifende Weise:

Doch uns ist gegeben,
auf keiner Stätte zu ruhn.
Es schwinden, es fallen
die leidenden Menschen
blindlings von einer
Stunde zur andern,
wie Wasser von Klippe
zu Klippe geworfen,
Jahr lang ins Ungewisse hinab.

Weihnachtskonzert

Es-Dur

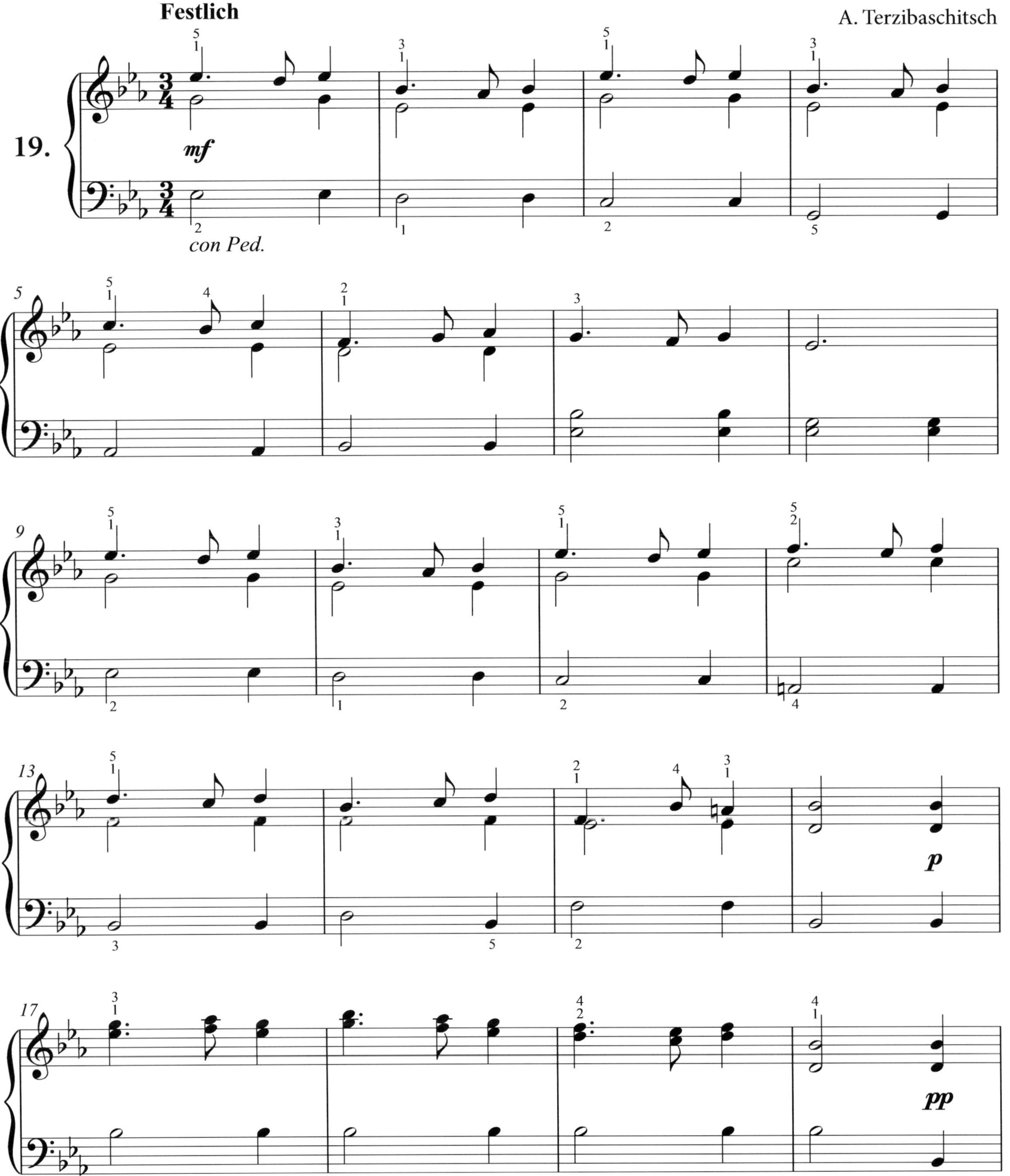

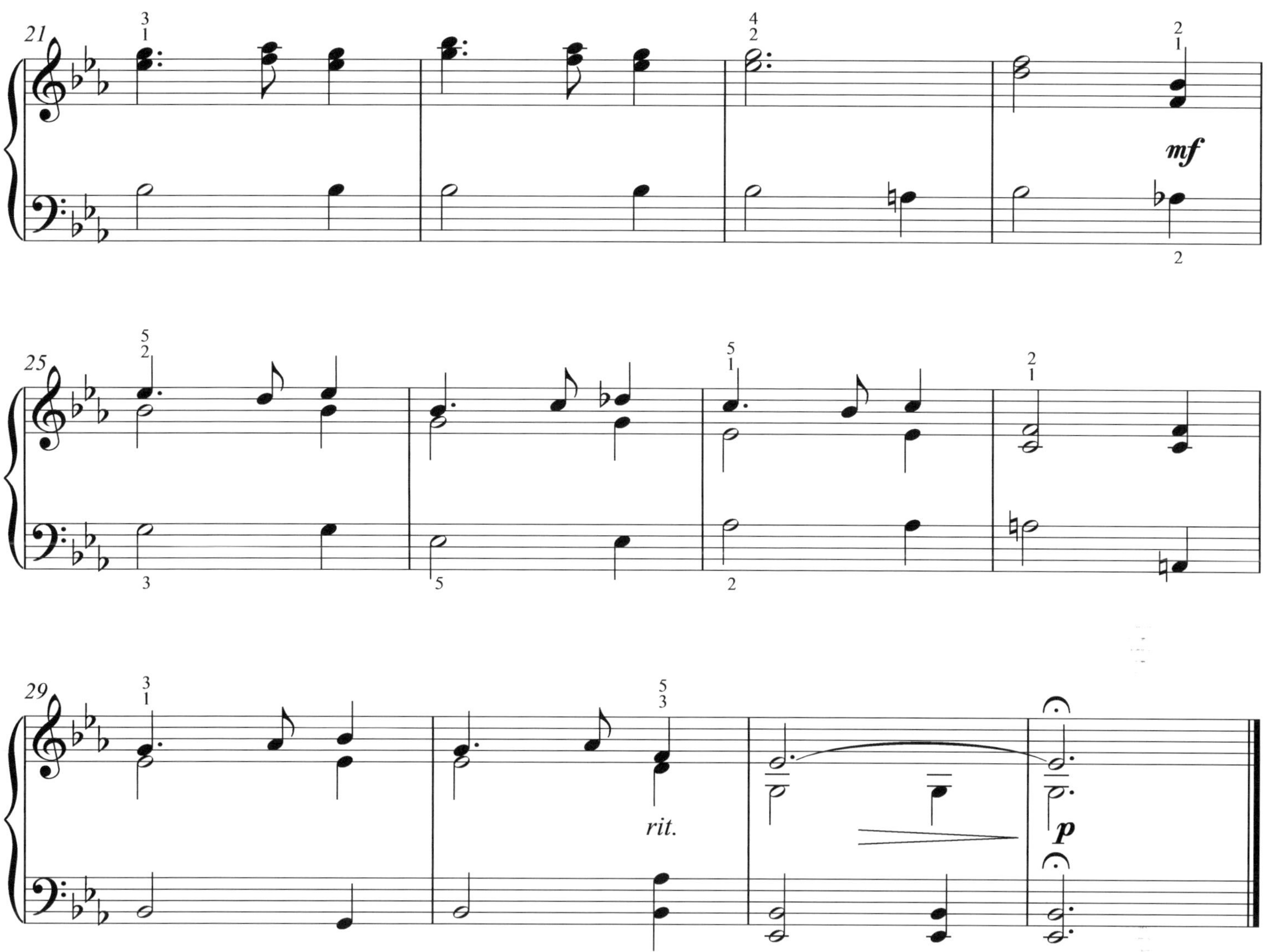

Die Tonart Es-Dur hat drei B-Vorzeichen und gehört zum Sternzeichen Steinbock. Bekannte Kompositionen in Es-Dur sind das *Magnificat* (BWV 243a) von Johann Sebastian Bach, die 3. Sinfonie op. 55 von Ludwig van Beethoven, die den Beinamen *Eroica* (heroische Sinfonie) hat, die Messe Nr. 6 D 950 von Franz Schubert, die sinfonische Dichtung *Ein Heldenleben* op. 40 von Richard Strauss u.a.

In der Tiefwinterzeit haben die äußeren Sonnenstrahlen die geringste Kraft. Nun ziehen geistige Lichtkräfte in Mensch und Erde ein. Im Verborgenen vollzieht sich keimhaft ein schöpferischer Werdeprozess. Viele Komponisten verbinden diese Stimmung mit der Tonart Es-Dur und verwenden sie häufig in Kompositionen mit heldenhaftem Ausdruck, aber auch in einem weihevollen, innerlich bewegten Kontext.

Ein Zitat der Dichterin Helmina von Chézy bringt die Stimmung von Es-Dur mit wenigen Worten zum Ausdruck:

In der Tiefe
wohnt das Licht.

Entschlossenheit

c-Moll

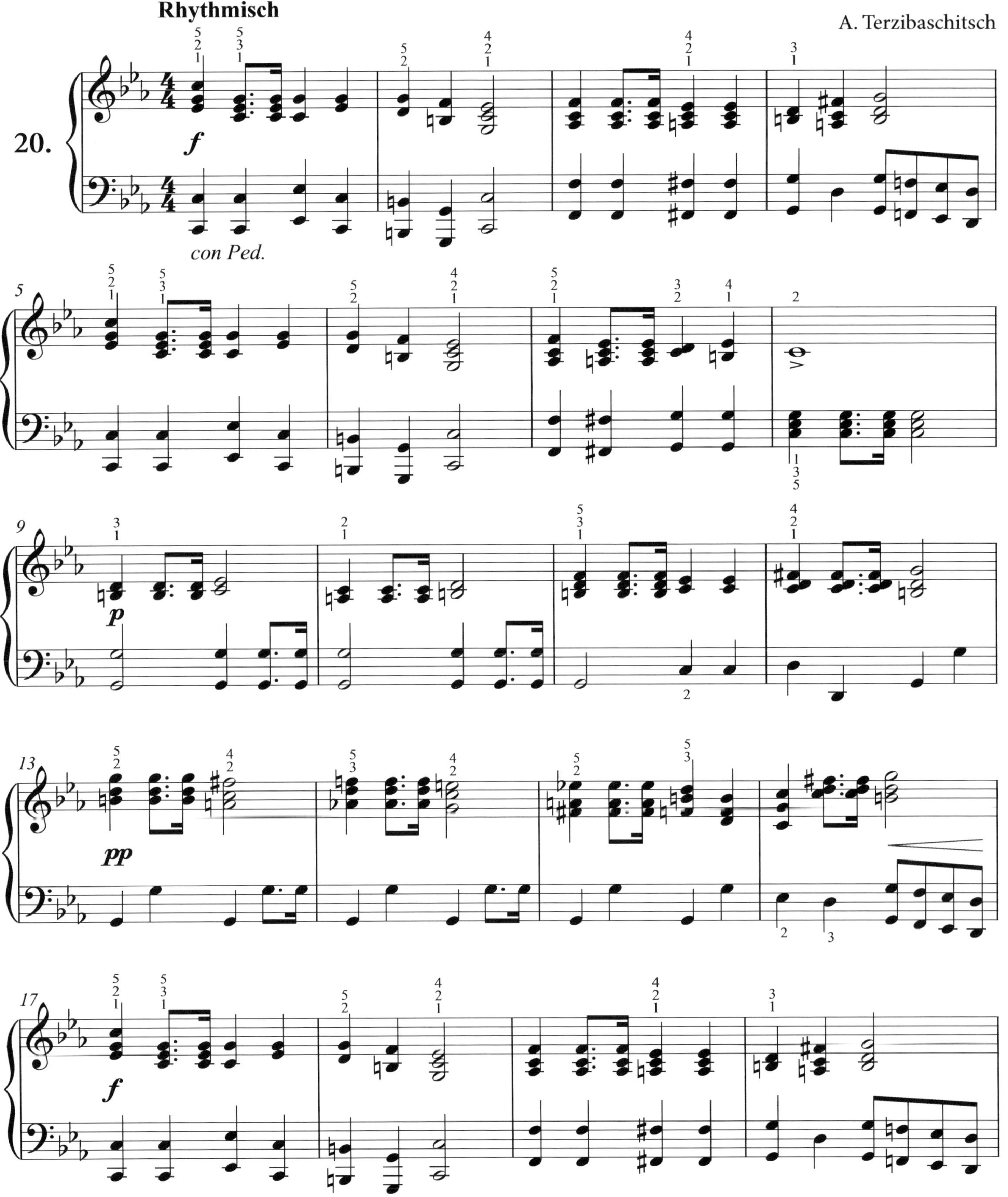

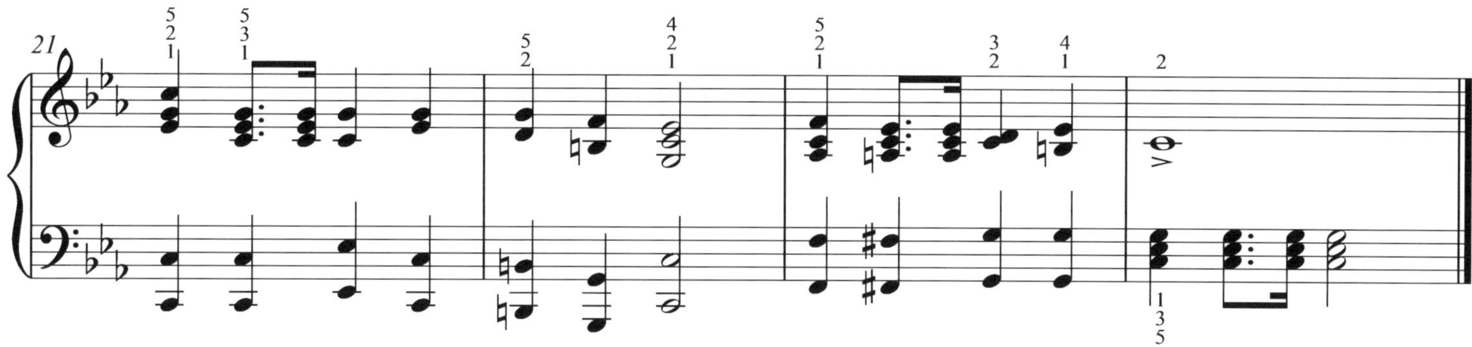

Die Tonart c-Moll hat als parallele Molltonart von Es-Dur drei B-Vorzeichen und gehört zum Sternbild Steinbock. Bekannte Kompositionen in c-Moll sind das Konzert für zwei Klaviere BWV 1062 von Johann Sebastian Bach, die *Große Messe* KV 427 von Wolfgang Amadeus Mozart, die Klaviersonate op. 13 mit dem Beinamen *Grande Sonate Pathétique* von Ludwig van Beethoven, die Sinfonie Nr. 5 op. 67 mit dem Beinamen *Schicksalssinfonie* von Ludwig van Beethoven, die Klaviersonate Nr. 21 D 958 von Franz Schubert, die Etüde op. 10 Nr. 12 mit dem Beinamen *Revolutionsetüde* von Frédéric Chopin u. a.

Die Stimmung von Kompositionen in c-Moll ist häufig kraftvoll, leidenschaftlich kämpferisch und unerbittlich. In der Tiefwinterzeit steht die Sonne an ihrem tiefsten Punkt. Finsternis und Kälte lasten schwer auf Mensch und Erde. Doch ist das Lasten von Finsternis und Kälte nicht ausschließlich. Eine erste Ahnung von den Kräften des Lichts, die keimhaft im Verborgenen wirken, wird spürbar. Es ist die Zeit der Wende.

Das Gedicht *Du Dunkelheit, aus der ich stamme* von Rainer Maria Rilke bringt die oben charakterisierte Stimmung zum Ausdruck:

Du Dunkelheit, aus der ich stamme,
ich liebe dich mehr als die Flamme,
welche die Welt begrenzt,
indem sie glänzt
für irgend einen Kreis,
aus dem heraus kein Wesen von ihr weiß.

Aber die Dunkelheit hält alles an sich:
Gestalten und Flammen, Tiere und mich,
wie sie's errafft,
Menschen und Mächte –

Und es kann sein: eine große Kraft
rührt sich in meiner Nachbarschaft.

Ich glaube an Nächte.

Zuversicht

B-Dur

A. Terzibaschitsch

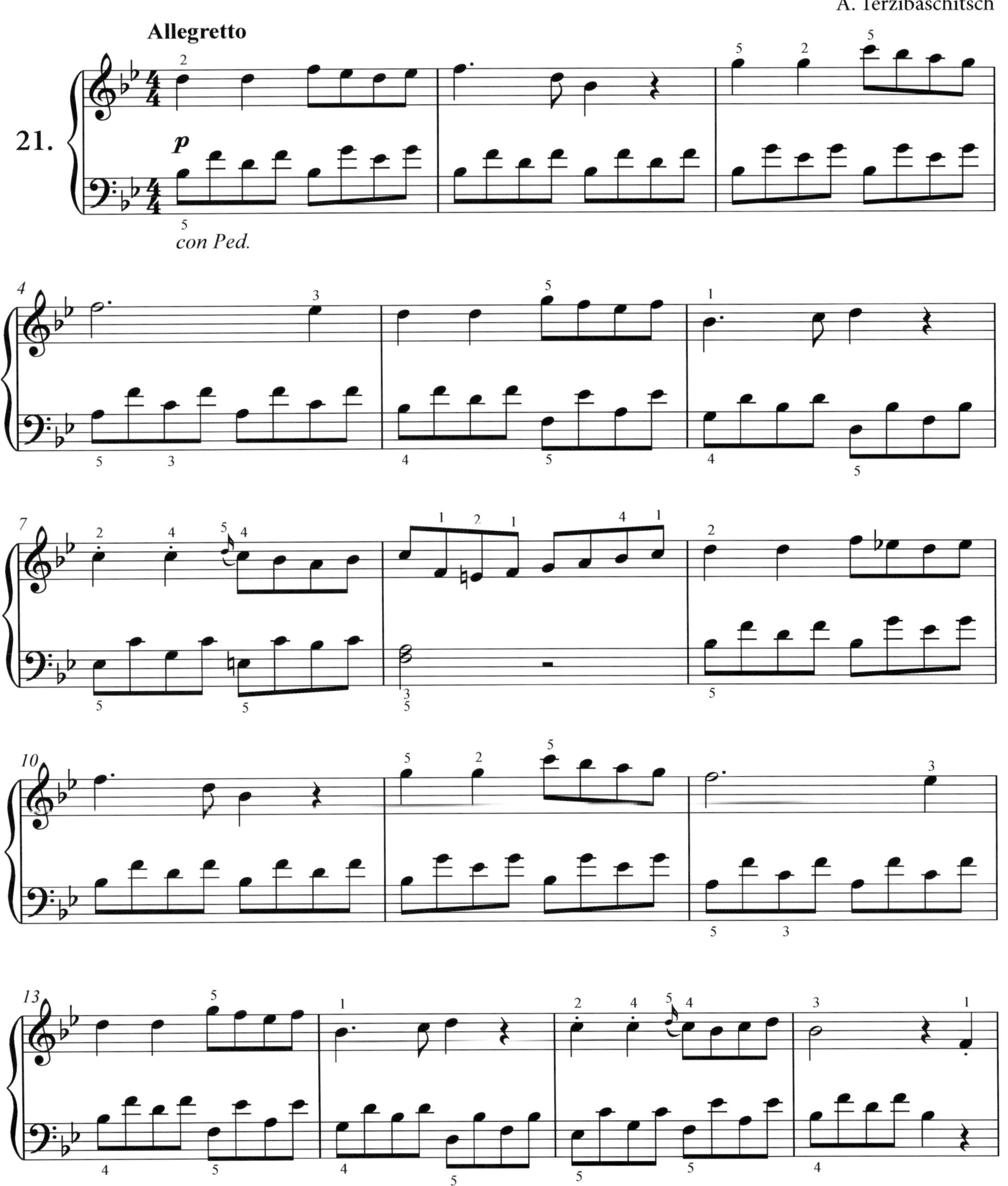

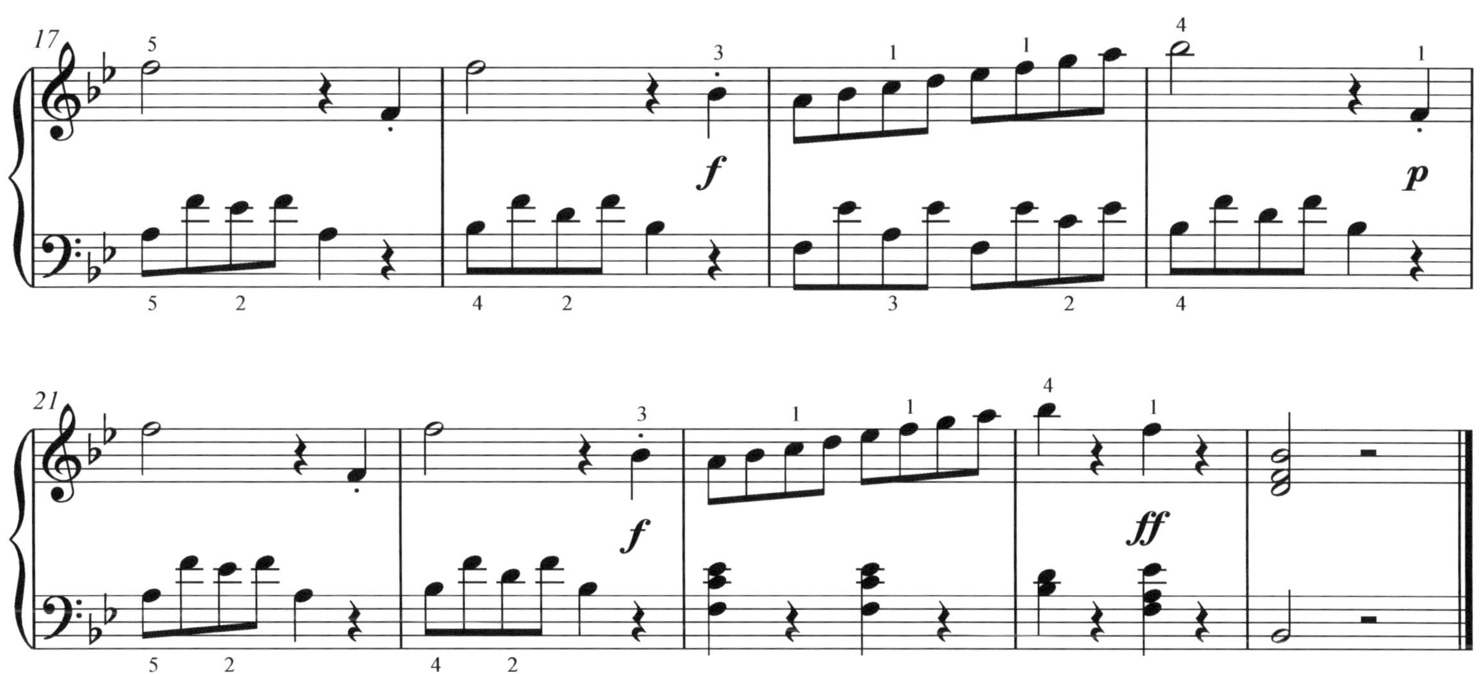

Die Tonart B-Dur hat zwei B-Vorzeichen und gehört zum Sternzeichen Wassermann. Beispiele für bekannte Kompositionen in B-Dur sind die Sinfonie KV 319 von Wolfgang Amadeus Mozart, das Klavierkonzert KV 595 von Wolfgang Amadeus Mozart, die *Hammerklaviersonate* op. 106 von Ludwig van Beethoven, das *Impromptu* op. 142 Nr. 3 von Franz Schubert u.a.

Die Stimmung von Kompositionen in B-Dur ist häufig unbeschwert, hoffnungsvoll und luftig bewegt. Die Zeit der Dunkelheit geht zu Ende. Der Drang nach Freiheit wird spürbar und Grenzen beginnen sich zu weiten.

Die Worte aus dem 2. Teil der Tragödie *Faust* von Johann Wolfgang von Goethe bringen die oben charakterisierte Stimmung zum Ausdruck:

Des Lebens Pulse schlagen frisch lebendig,
ätherische Dämm'rung milde zu begrüßen.
Du, Erde, warst auch diese Nacht beständig
und atmest neu erquickt zu meinen Füßen,
beginnest schon mit Lust mich zu umgeben,
du regst und rührst ein kräftiges Beschließen,
zum höchsten Dasein immerfort zu streben.

Im Dämmerschein liegt schon die Welt erschlossen,
der Wald ertönt von tausendstimmigem Leben,
Tal aus, Tal ein ist Nebelstreif ergossen,
doch senkt sich Himmelsklarheit in die Tiefen,
und Zweig und Äste, frisch erquickt, entsprossen
dem duft'gen Abgrund, wo versenkt sie schliefen.

Herz in Flammen

g-Moll

A. Terzibaschitsch

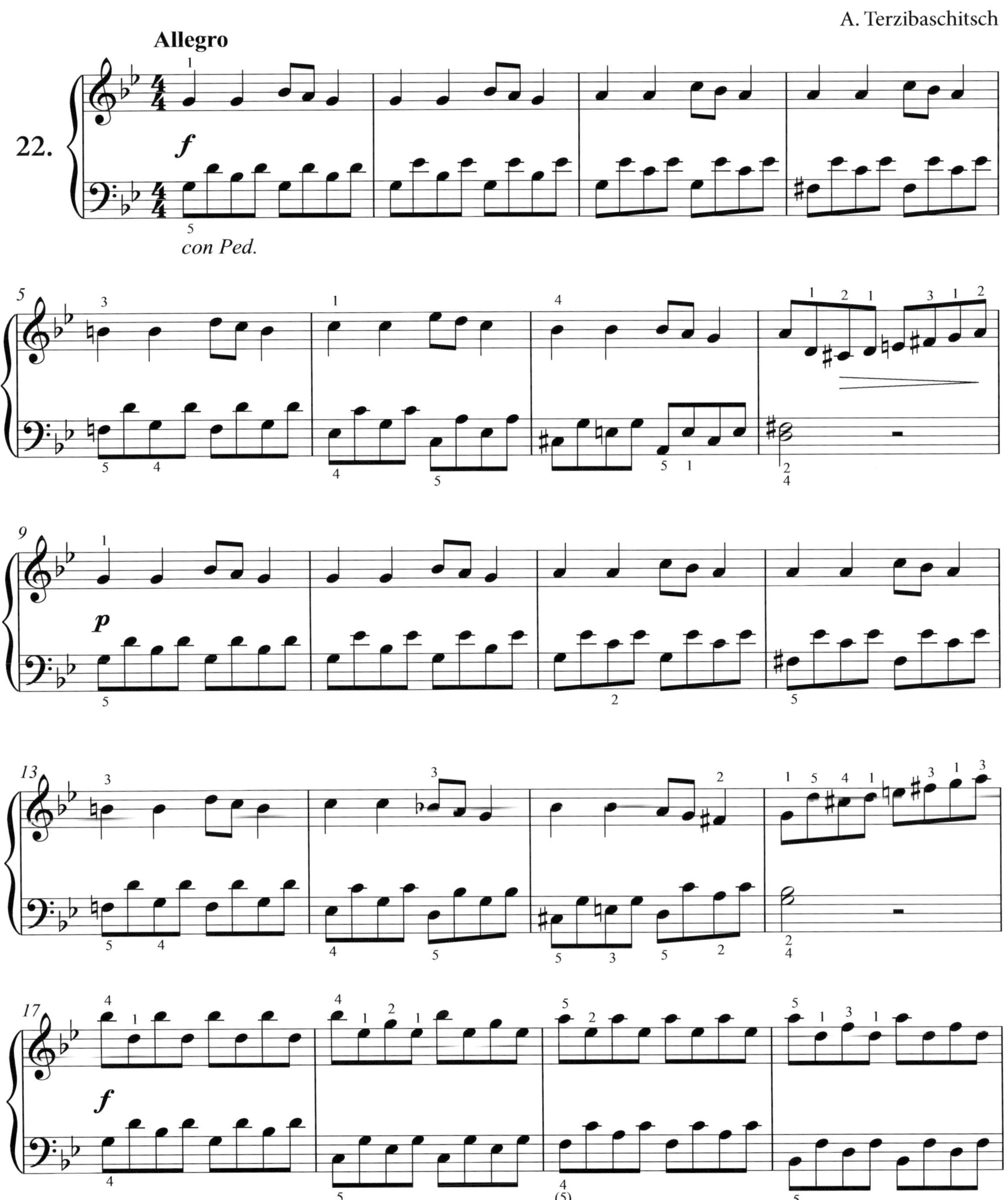

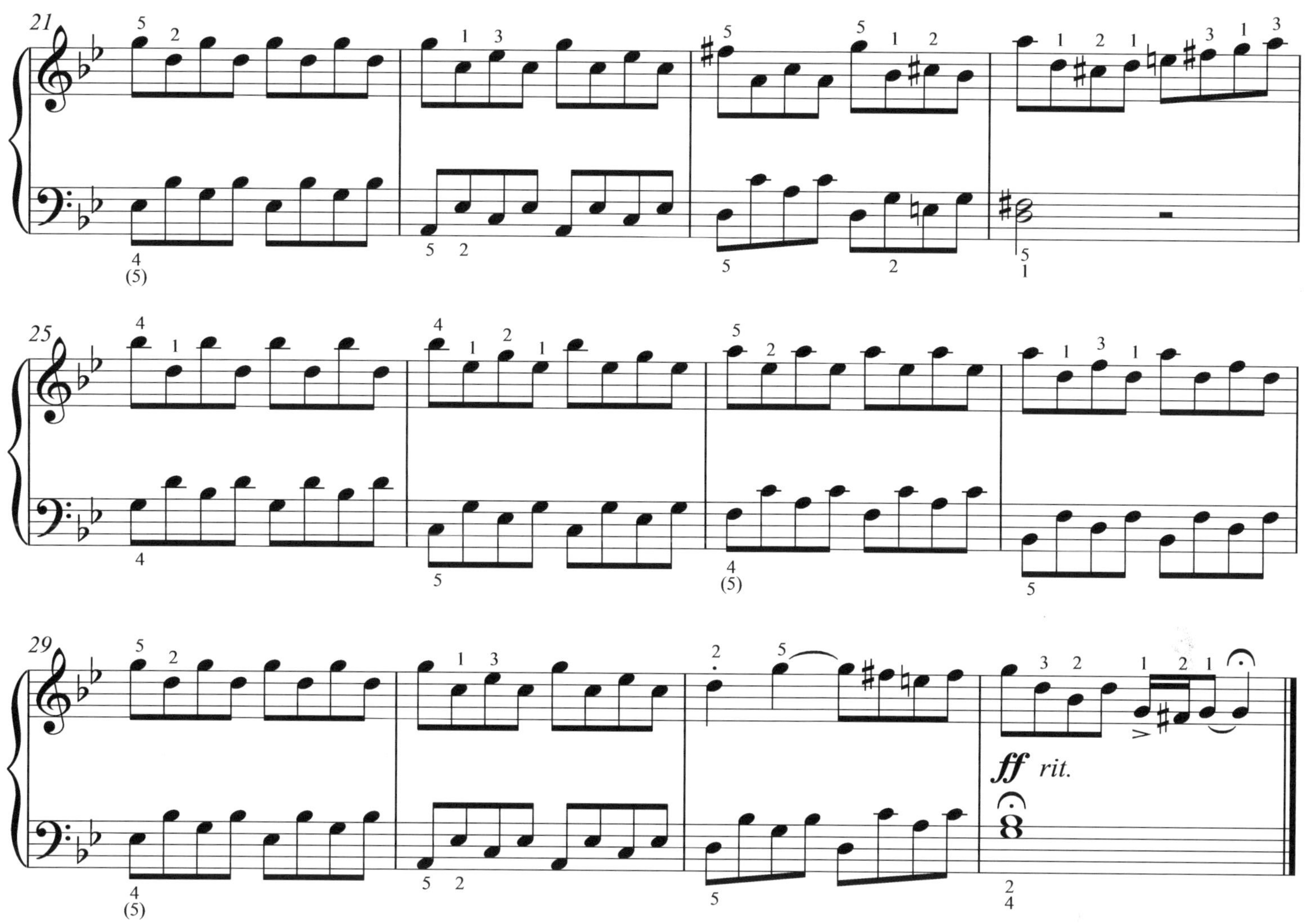

Die Tonart g-Moll hat als parallele Molltonart von B-Dur zwei B-Vorzeichen und gehört zum Sternzeichen Wassermann. Beispiele für bekannte Kompositionen in g-Moll sind die Sinfonie Nr. 40 KV 550 von Wolfgang Amadeus Mozart, die Klaviersonate op. 22 von Robert Schumann, die *Rhapsodie* op. 79 Nr. 2 von Johannes Brahms u.a.

Die Stimmung von Kompositionen in g-Moll ist oftmals wehmütig, aber auch leidenschaftlich, aufbegehrend und kämpferisch. Damit bildet sie einen Gegensatz zu ihrer parallelen Durtonart, deren Stimmung von Leichtigkeit und einer gewissen Heiterkeit geprägt ist.

In seinem Gedicht *Ja! Ich weiß, woher ich stamme* verleiht Friedrich Wilhelm Nietzsche der oben charakterisierten Stimmung leidenschaftlichen Ausdruck:

Ja! Ich weiß, woher ich stamme!
Ungesättigt gleich der Flamme
Glühe und verzehr' ich mich.
Licht wird alles, was ich fasse,
Kohle alles, was ich lasse:
Flamme bin ich sicherlich.

Der verzauberte Garten

F-Dur

A. Terzibaschitsch

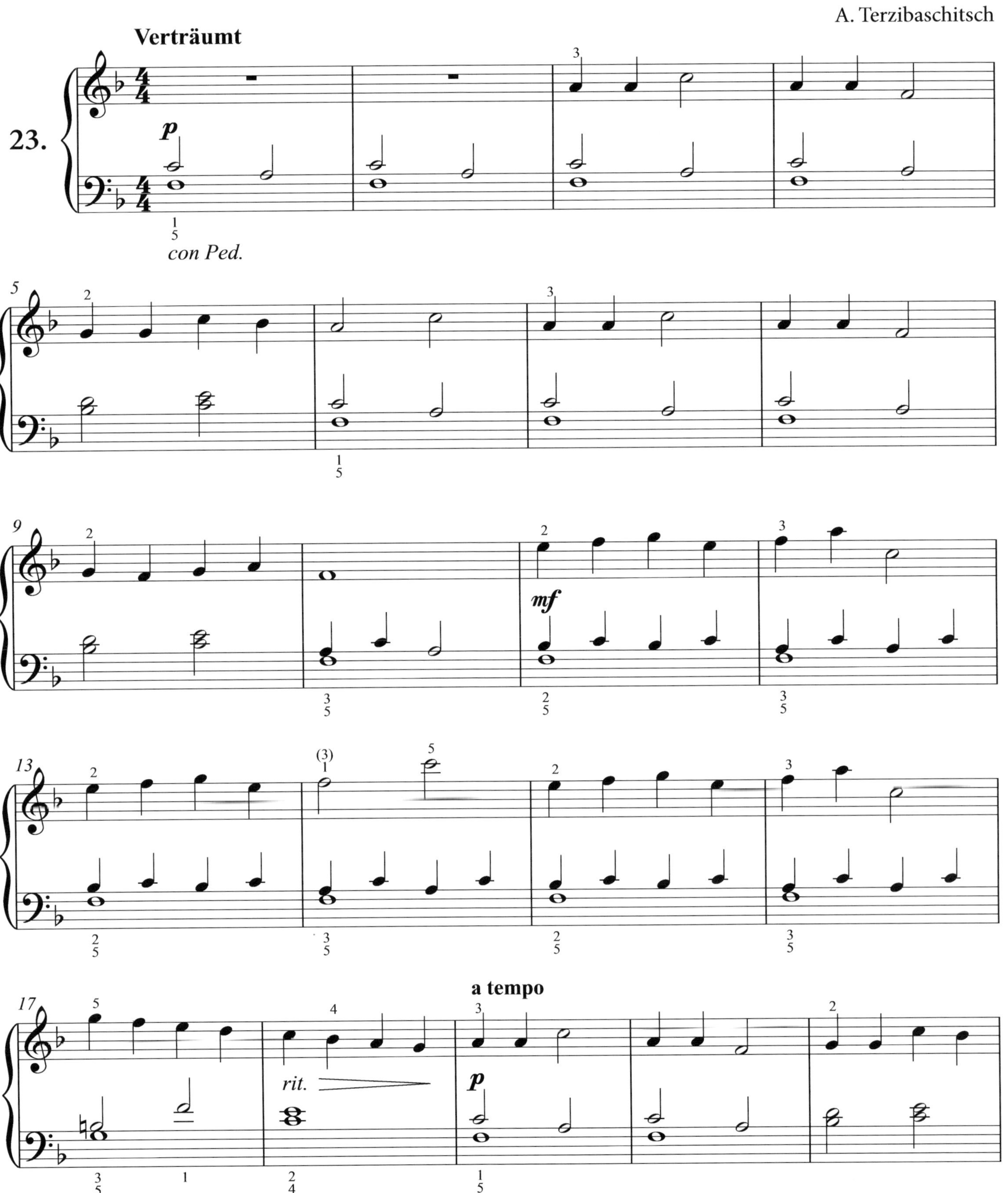

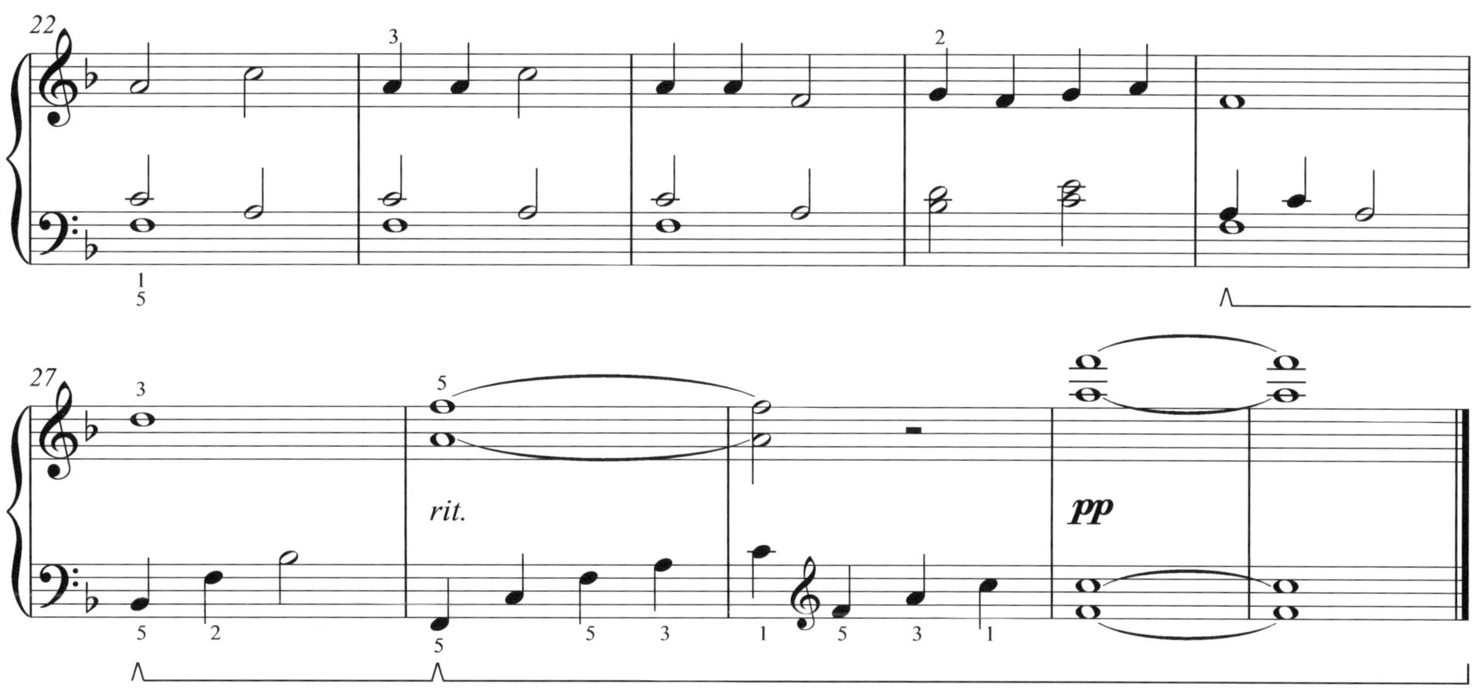

Die Tonart F-Dur hat ein B-Vorzeichen und gehört zum Sternzeichen Fische. Sie wird häufig in Kompositionen verwendet, in denen eine Naturstimmung musikalisch zum Ausdruck gebracht werden soll. F-Dur gilt traditionell als „Pastoraltonart" (lat.: pastor = der Hirte). Charakteristisch für Pastoralmusik ist das Auftreten von Bordunbässen (Quinten).

Beispiele für bekannte Kompositionen in F-Dur sind die *Pastorale* BWV 590 für Orgel von Johann Sebastian Bach, die Klaviersonate KV 332 von Wolfgang Amadeus Mozart, die 6. Sinfonie von Ludwig van Beethoven, die auch *Pastorale* genannt wird, die Sonate für Violine und Klavier Nr. 5 op. 24 mit dem Beinamen *Frühlingssonate* von Ludwig van Beethoven u.a.

Die Stimmung im Klavierstück *Der verzauberte Garten* ist hoffnungsvoll. In zarten Klängen wird eine vorfrühlingshafte Naturstimmung musikalisch zum Ausdruck gebracht. Strom und Bäche sind schon vom Eis befreit. Die Erde beginnt, sich allmählich den Leben spendenden Kräften des Lichts und der Wärme zu öffnen.

Eduard Mörike bringt in seinem Gedicht *Er ist's* die oben charakterisierte Stimmung zum Ausdruck:

Frühling lässt sein blaues Band
wieder flattern durch die Lüfte,
süße, wohlbekannte Düfte
streifen ahnungsvoll das Land.
Veilchen träumen schon,
wollen balde kommen.
Horch, von fern ein leiser Harfenton!
Frühling, ja du bist's!
Dich hab ich vernommen!

Trauermarsch

d-Moll

A. Terzibaschitsch

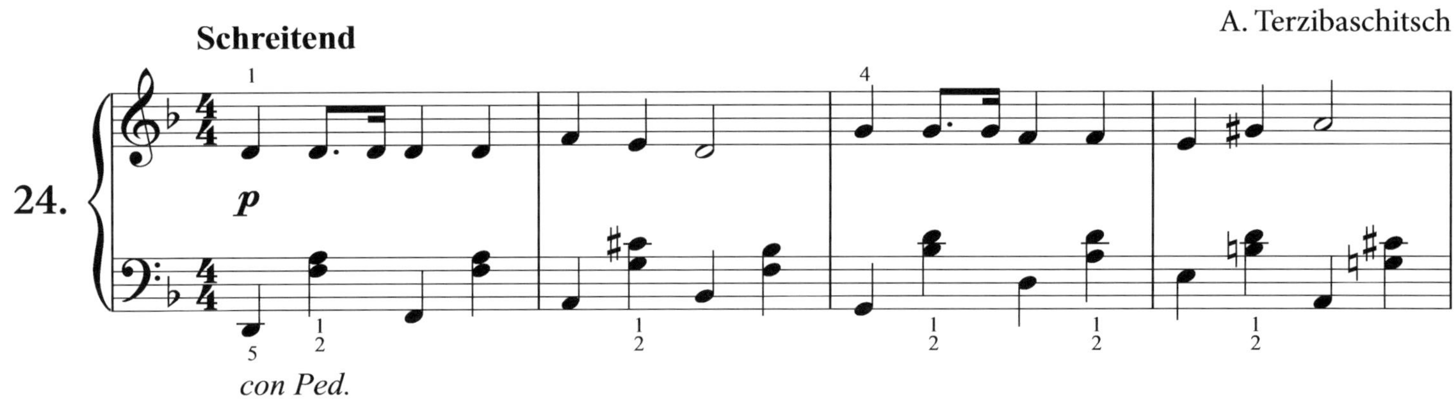

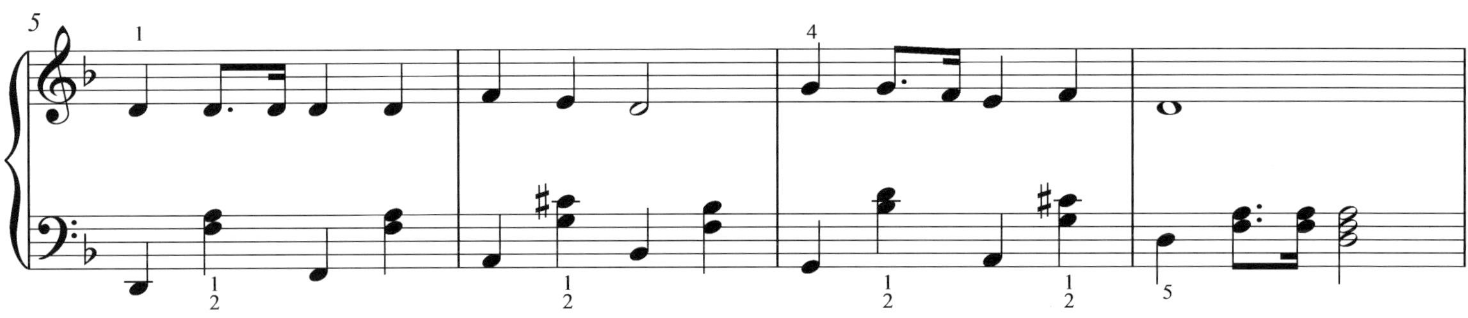

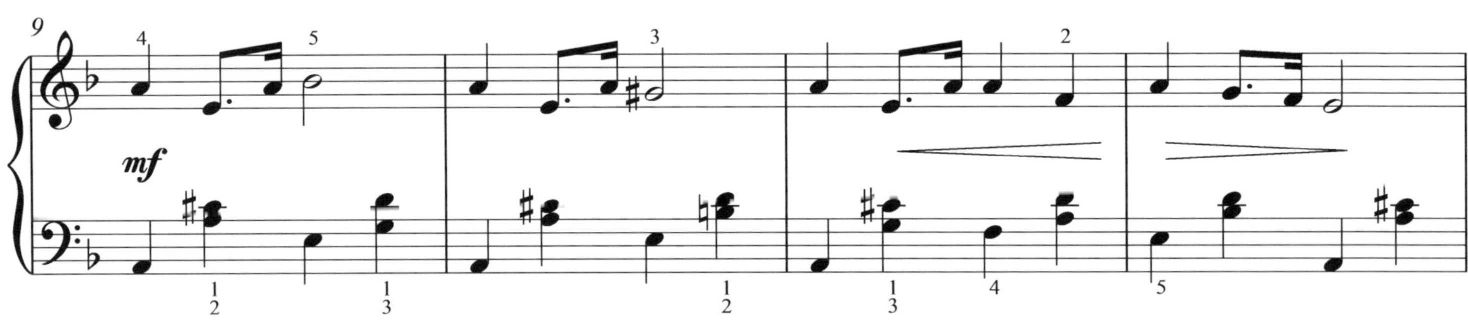

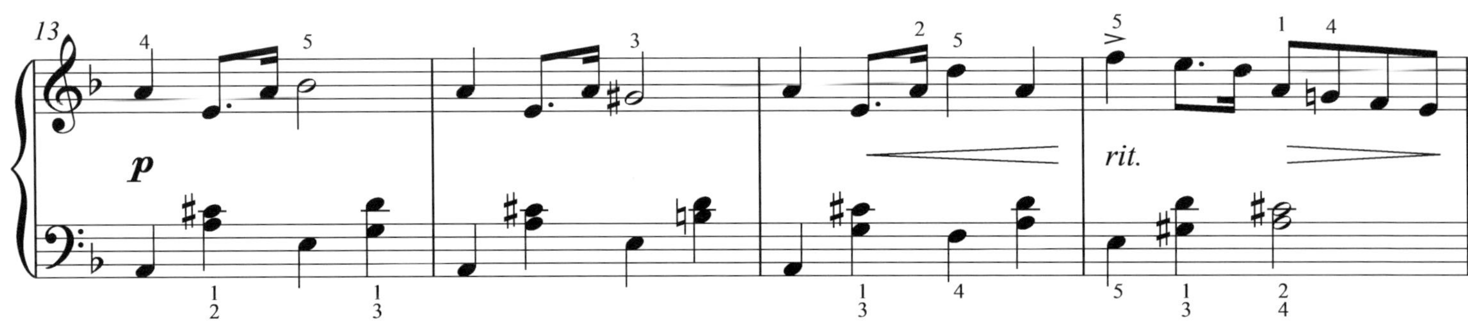

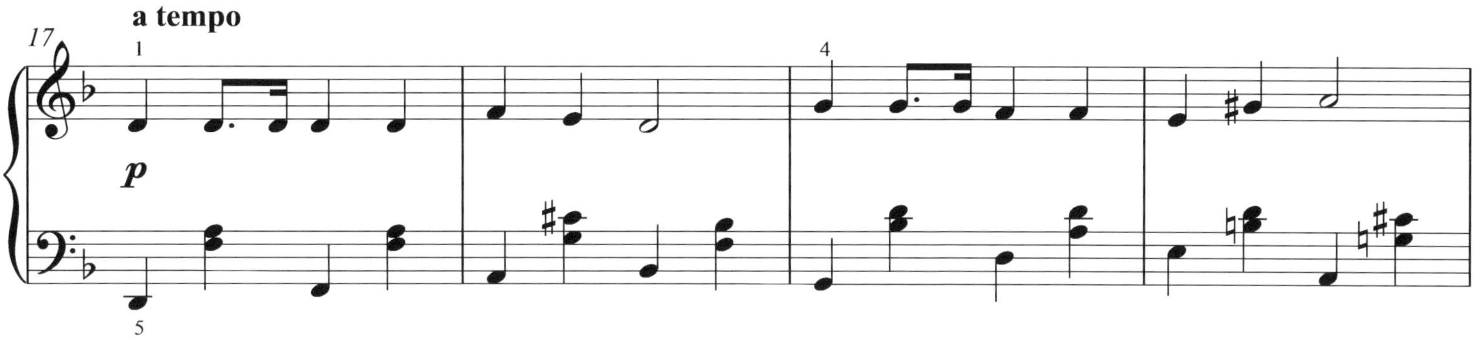

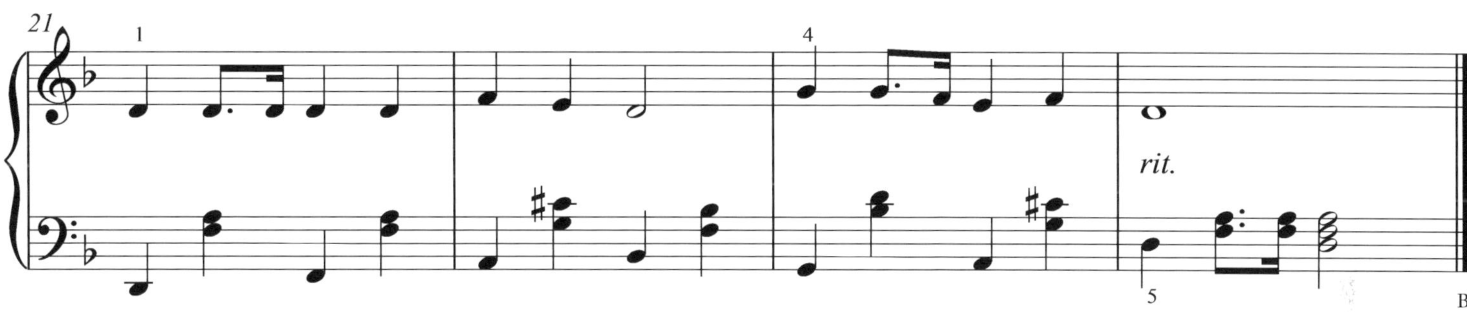

Die Tonart d-Moll hat ein B-Vorzeichen und gehört als parallele Molltonart von F-Dur zum Sternzeichen Fische. Beispiele für bekannte Kompositionen in d-Moll sind das *Requiem* von Wolfgang Amadeus Mozart, das Lied *Der Tod und das Mädchen* von Franz Schubert, der 3. Satz *Feierlich und gemessen, ohne zu schleppen* (Trauermarsch) aus der 1. Sinfonie von Gustav Mahler, das Klavierstück *Schritte im Schnee* aus den *24 Préludes* von Claude Debussy (zwei Zyklen von je zwölf Klavierstücken) u.a.

Im Gegensatz zur parallelen Dur-Tonart F-Dur (= Leben) weiß d-Moll noch nichts von einer Neugeburt im Geiste. Häufig zeichnet es ein eisig düsteres Winterbild, das zunächst nur Erstarrung und Reglosigkeit des Todes zu kennen scheint.

Matthias Claudius verleiht dieser Thematik in seinem Gedicht *Der Tod und das Mädchen* erschütternden Ausdruck:

Das Mädchen:
Vorüber! Ach, vorüber!
Geh, wilder Knochenmann!
Ich bin noch jung, geh, Lieber!
Und rühre mich nicht an.

Der Tod:
Gib deine Hand, du schön und zart Gebild!
Bin Freund, und komme nicht, zu strafen.
Sei guten Muts! ich bin nicht wild,
Sollst sanft in meinen Armen schlafen.

Tonleitern

Kreuz-Tonarten

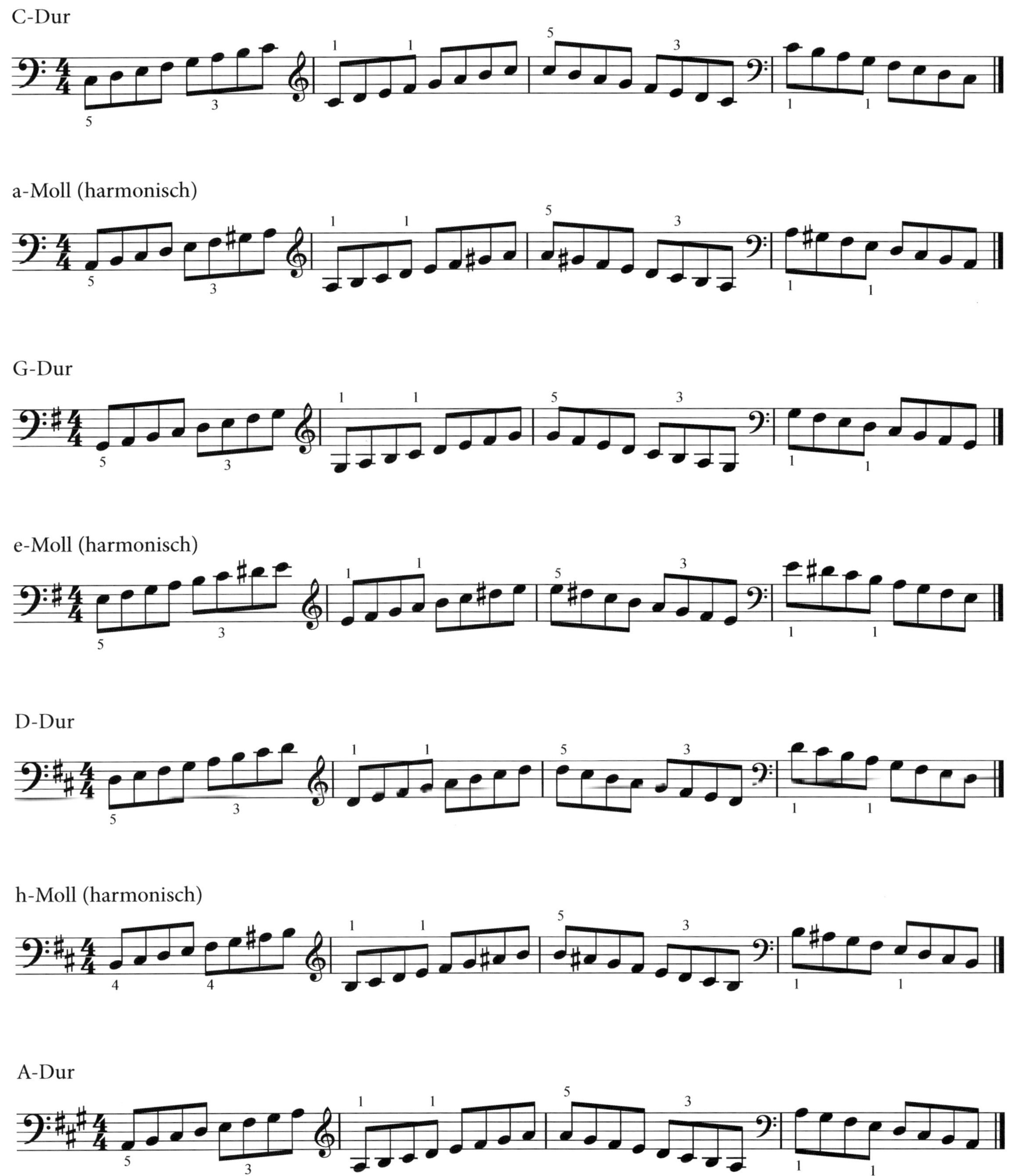

fis-Moll (harmonisch)

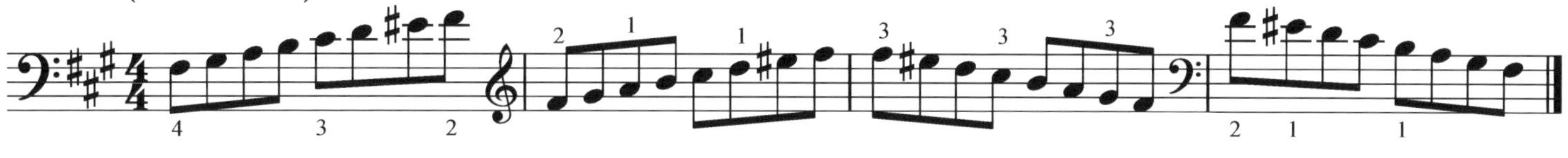

E-Dur

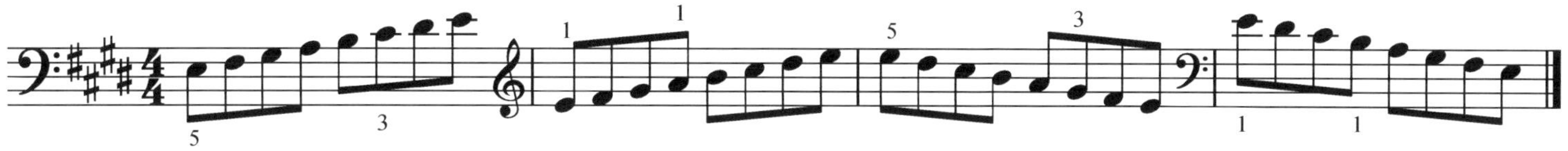

cis-Moll (harmonisch)

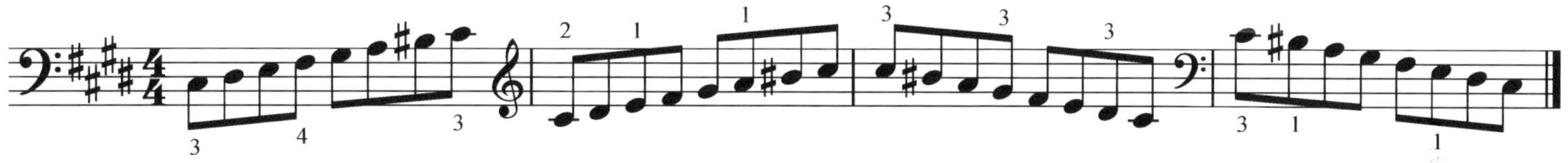

H-Dur

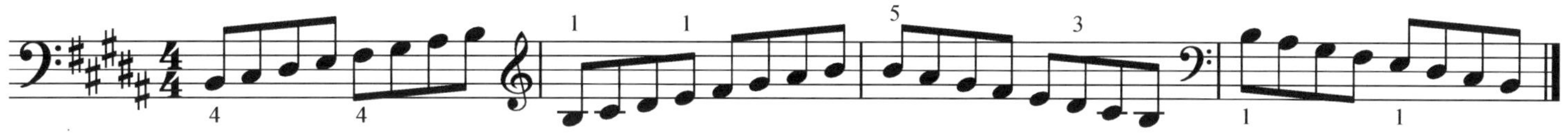

gis-Moll (harmonisch)

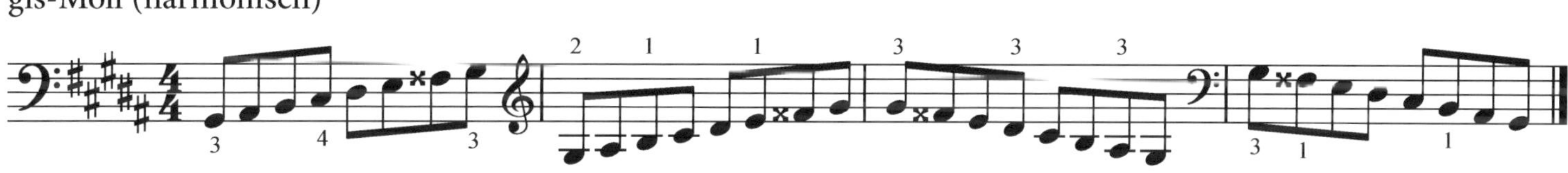

Fis-Dur

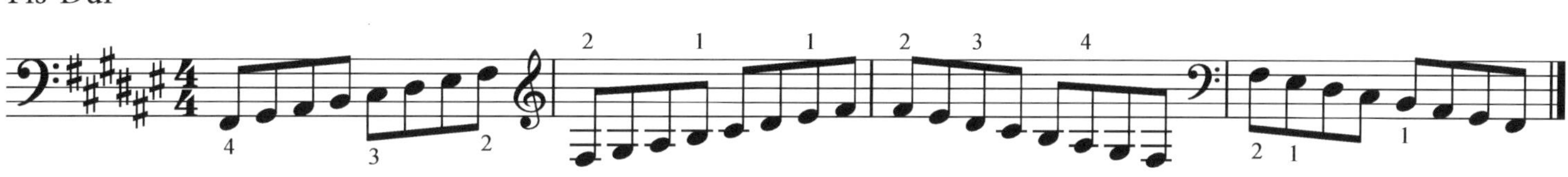

dis-Moll (harmonisch)

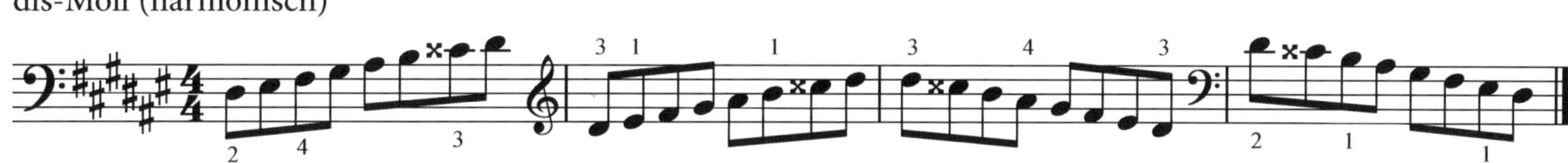

Tonleitern

B-Tonarten

Ges-Dur

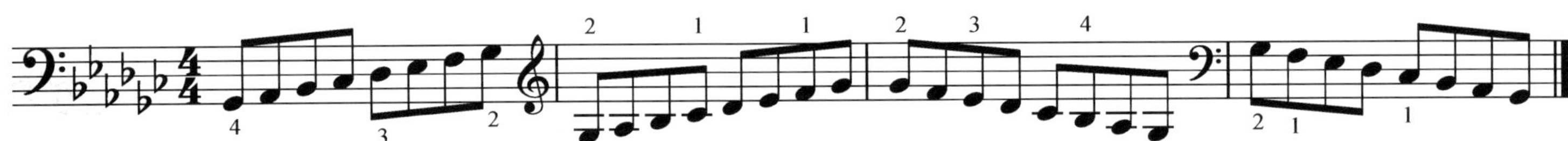

es-Moll (harmonisch)

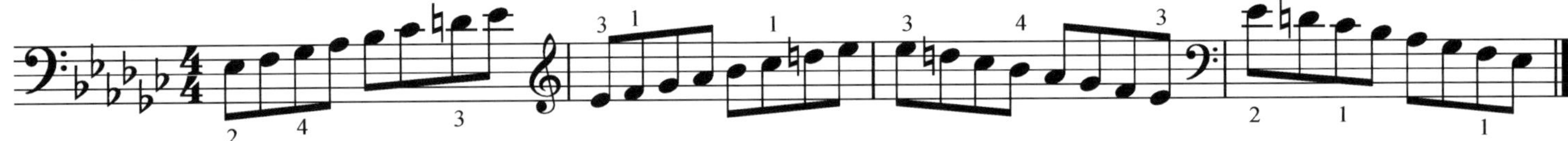

Des-Dur

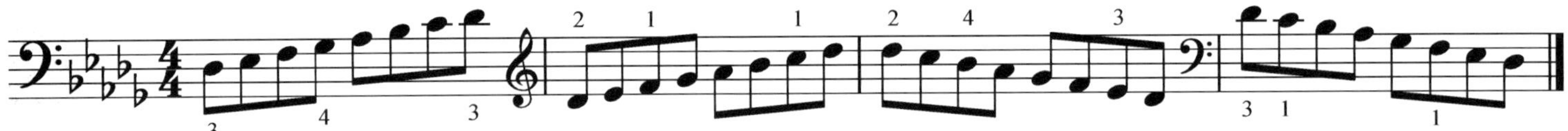

b-Moll (harmonisch)

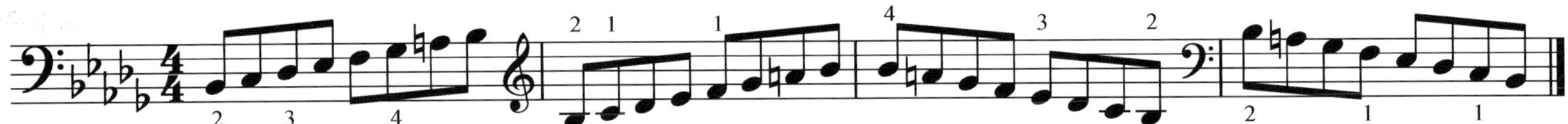

As-Dur

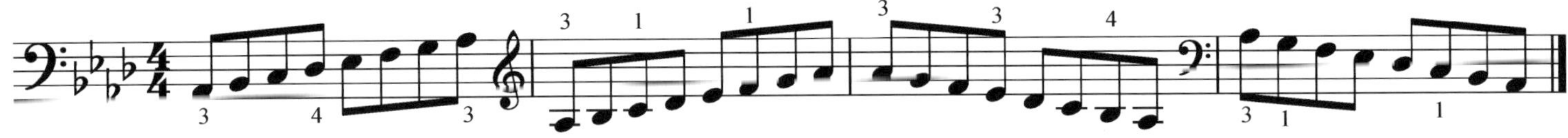

f-Moll (harmonisch)

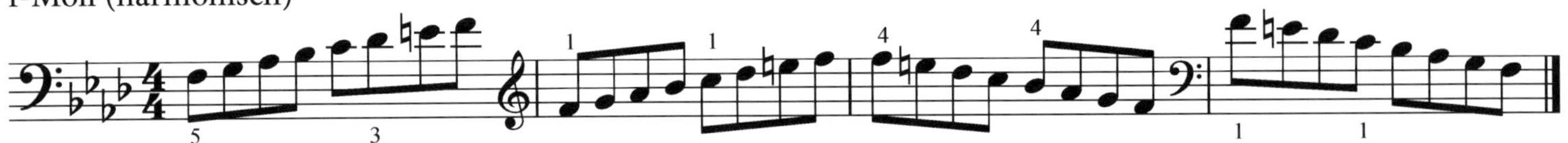

Es-Dur

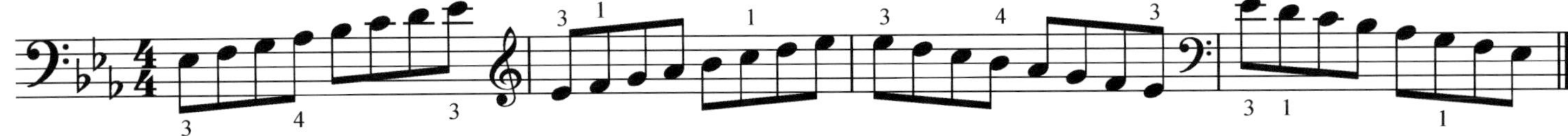

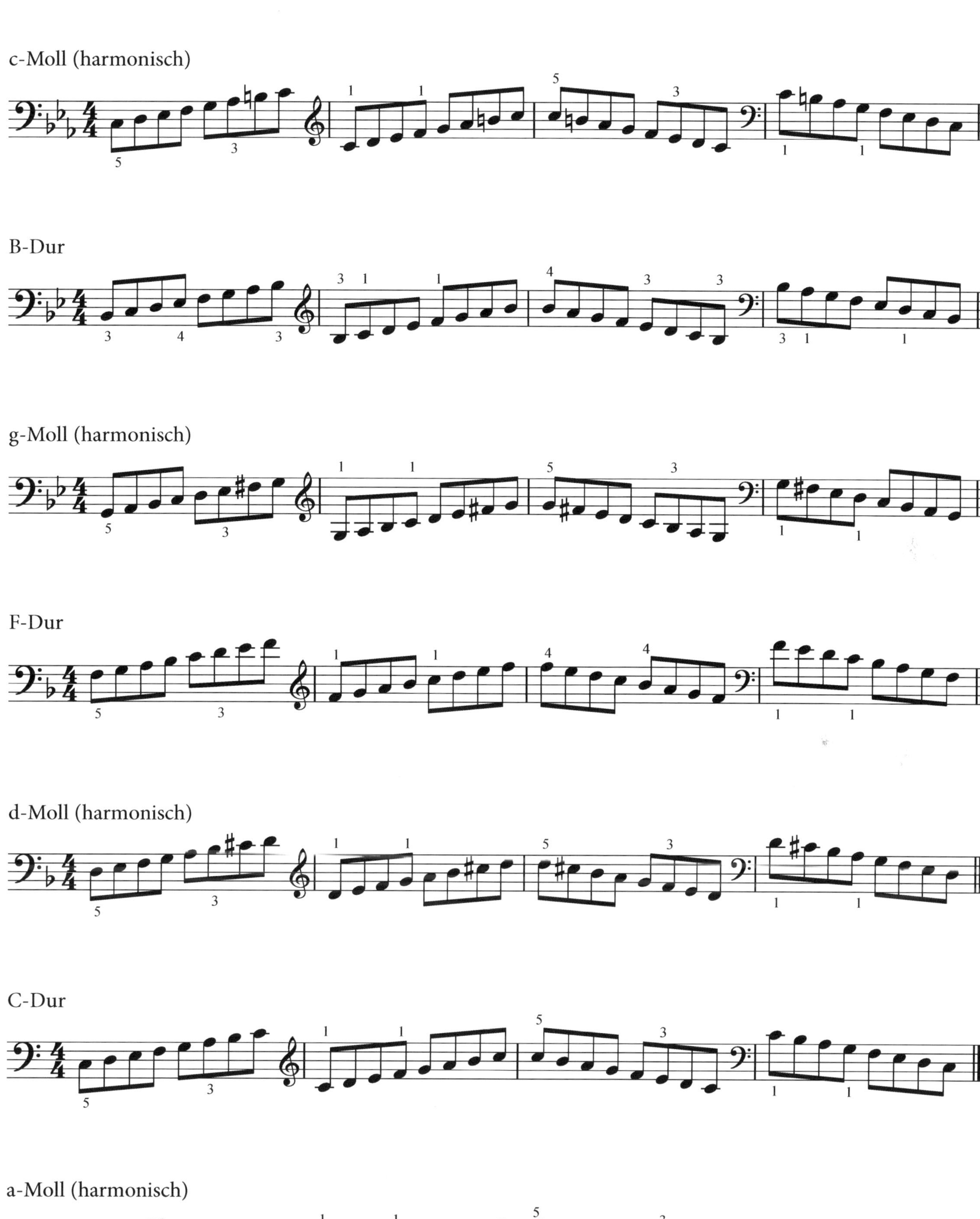
c-Moll (harmonisch)
B-Dur
g-Moll (harmonisch)
F-Dur
d-Moll (harmonisch)
C-Dur
a-Moll (harmonisch)

Titelverzeichnis

Quintenzirkel

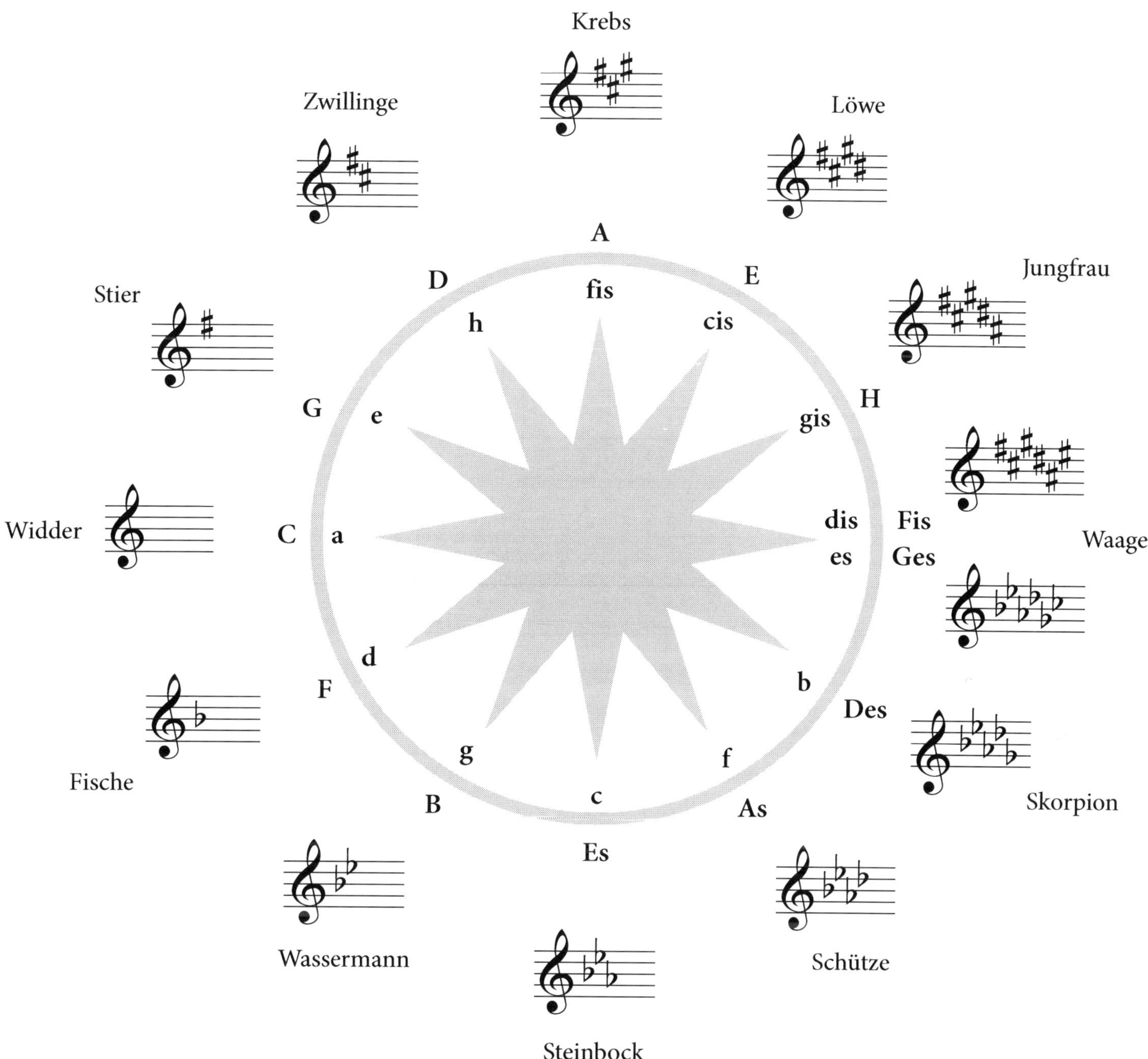